作者简介

王绍凯

和君咨询副总经理、资深合伙人

和君集团战略与集团管控研究中心主任

国际注册管理咨询师（CMC）

AUTHOR INTRODUCTION

兼任多个地方国资委外部董事，多家大型企业集团战投委员会专家委员、考核专家委员会专家委员、常年战略与管控顾问。已为数百家中央企业、国有企业、民营企业、上市公司提供战略与管控咨询。担任清华大学、浙江大学、山东大学等多所重点高校 EMBA 总裁班及中国大连高级经理学院客座讲师。

出版专著

《大转型——互联网时代的传统企业进化之道》

《百年——如何建立一个伟大并长盛不衰的公司》

《系统层面战略——重写战略管理》等

AUTHOR

集团经济

打造世界一流的中国式现代企业集团

王绍凯 著

企业管理出版社
ENTERPRISE MANAGEMENT PUBLISHING HOUSE

图书在版编目（CIP）数据

集团经济：打造世界一流的中国式现代企业集团 / 王绍凯著. -- 北京：企业管理出版社，2023.7

ISBN 978-7-5164-2854-2

Ⅰ. ①集… Ⅱ. ①王… Ⅲ. ①企业集团－企业管理－研究－中国 Ⅳ. ① F279.244

中国国家版本馆 CIP 数据核字 (2023) 第 119562 号

书　　名： 集团经济——打造世界一流的中国式现代企业集团
书　　号： ISBN 978-7-5164-2854-2
作　　者： 王绍凯
策　　划： 朱新月
责任编辑： 解智龙　曹伟涛
出版发行： 企业管理出版社
经　　销： 新华书店
地　　址： 北京市海淀区紫竹院南路 17 号　**邮　　编：** 100048
网　　址： http://www.emph.cn　**电子信箱：** zbz159@vip.sina.com
电　　话： 编辑部（010）68487630　发行部（010）68701816
印　　刷： 天津市海天舜日印刷有限公司
版　　次： 2023 年 7 月第 1 版
印　　次： 2023 年 7 月第 1 次印刷
开　　本： 710mm × 1000mm　1/16
印　　张： 17.25 印张
字　　数： 207 千字
定　　价： 78.00 元

推荐序
PREFACE

人生如莲：人生就像睡莲，成功是浅浅地浮在水面上的那朵看得见的花，而决定其美丽绽放的是水面下那些看不见的根和本。志轻者，追慕那水面上看得见的芳华；志雄者，致力于那水面下看不见的根本。莲花绽放，动人心魄，观者如云，岂知绚烂芳华的背后是长久的寂寞等待和生根固本。君子务本！

于今浮世，红尘滚滚，欲念横流，尚有不逐花艳、自安一隅、精耕专业的务本君子乎？王绍凯可能是。他加盟和君咨询与我共事，一晃已届十载。我所看到的是绍凯一直自安于“企业集团化战略和管理”一隅，持续聚焦和深耕，博学之、审问之、慎思之、明辨之、笃行之，十年沉潜、内外兼修、知行兼进。本书可算是绍凯十年务本的专业总结之作。

神枪手是无数个子弹“喂”出来的，管理咨询高手是无数个案例练出来的。绍凯在上海华东师范大学读研期间就踏入管理咨询行业，迄今已近二十年，熬成了“老咨询人”。他和他的团队为数百家企业提供了战略和管理咨询服务，其中包括众多中国和世界500强企业，大型中央企业、国有企业和民营企业、上市公司、政府机构等。他为客户的成长和发展提供了专业价值，赢得了客户普遍的好口碑和赞誉。由此，绍凯在多家知名企业集团、地方国资委兼任外部董事、常年战略与管控专家顾问等职务，也经常受邀在中国大连高级经理学院、清华大学、浙江大学、山东大学等培训机构和高等院校为企业家们讲授集团管控与集团发展的相关课程。

在我眼里，绍凯是一个笃信专业主义、坚持专业底色的人，管理咨询是他的职业，也是他做研究、做学问的阵地。绍凯在和君咨询牵头成立了“集团战略与集团管控研究中心”并提出了中心使命：助推一批真正拥有世界级竞争力的中国企业集团！他和他的团队也切实协助不少客户达到了这一目标。然而，要服务好这些头部客户是很难的，仅靠实践经验的复制是不足以支撑的，更需要基于外部环境（经济、产业、科技、金融、社会等）的演变趋势及中国商业原生态的特征，与时俱进地进行相关理论的创新。

改革开放的四十余年是中国全面消化吸收西方经济学、管理学理论并复制西方优秀企业实践经验的过程。而今，局面变了，此前的进程被打断了。一方面，中国必须从一个模仿者转型为自主创新者，这不仅仅体现在科学技术上，也体现在经济管理、社会发展等方方面面。另一方面，我们都知道马克思主义的一个基础理论：生产力决定生产关系，生产关系反作用于生产力。大到国家博弈，小到企业竞争，谁的生产关系（体制、机制、模式、组织）更能适应生产力的发展要求、更能高效率地推动生产力的提升甚至革命，谁将成为竞赛的胜者。

绍凯的这本《集团经济》正是立足于生产力与生产关系这对基本矛盾与辩证关系，深入探讨集团型企业组织的经济外部性与内部性问题。绍凯在书中创新性地提出了一些新观点、新理论，例如“目前中国经济体制实际运行中的主要结构性矛盾聚焦于中观维度，即宏观经济与微观经济之间的传导环节”“下一步中国经济体制改革的重点应放在中观经济维度的结构优化上，尤其要侧重改造政府与市场的关系”“让政府更像政府，让企业更像企业；（地方）政府应逐步减弱‘准企业’的功能，更好发挥企业（集团）在产业资源配置中的关键作用”“具有区域经济和产业链带动力的大中型企业集团不应再被定义为‘微观经济体’，而应该被视为一类新的‘中观经济组织形态’进行重新研究”“立足（企业）集团经济天然的市场化特征本质，对外横向链接耦合产业和区域各类经济要素，共同向上承接宏观经济目标和政策传导（集团经济的外部性），对内（母公司及旗下的各级分、子公司）施以高效治理、管控和赋能等手段，实现集团整体高效经营和价值实现（集团经济的内部性）”“企业集团的内部经济效率决定其外部性价值的发挥，故大力鼓励企业集团（尤其是民营企业）做大做强对于优化区域经济资源配置、提升产业链运行效率，甚至对于优化政府与市场的关系都是大有裨益的”等。

上述这些观点还需要实践去检验，但或许可以为政府推进改革深化、为企业家们提升企业经营管理水平提供一些崭新的发展思路和有益参考。期待更多的读者能够阅读本书，共同为中国的经济发展和商业繁荣献智献策！

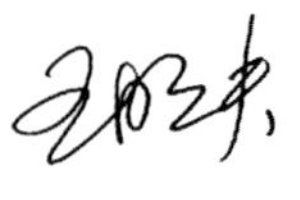

和君集团董事长

和君商学院院长

前言
FOREWORD

我们该如何构建中国式现代化经济体系？

一、“中观经济”维度是关键发力点

在中国共产党第二十次全国代表大会报告中，习近平总书记再次强调“中国式现代化”，阐明了“中国式现代化”的科学内涵和本质要求。“以中国式现代化全面推进中华民族伟大复兴”被正式写进中国共产党第二十次全国代表大会审议并一致通过的《中国共产党章程（修正案）》。

同时，“建成现代化经济体系”成为中国式现代化2035年发展总体目标的重要组成部分，在高质量发展的轨道上“推动经济实现质的有效提升和量的合理增长”。具体来说，一要构建高水平社会主义市场经济体制；二要建设现代化产业体系；三要全面推进乡村振兴；四要促进区域协调发展；五要推进高水平对外开放。

上述的宏观政治表述无疑为中国未来15年乃至更长时间的发展指明了清晰的方向。然而，我们接下来需要重点研究和探讨的是：为了实现上述宏伟发展目标，需要在哪些方面着重发力并持续推动更加

深化的改革?

在党的二十大报告中，明确指明了“我们要构建高水平社会主义市场经济体制，坚持和完善社会主义基本经济制度”，坚持两个“毫不动摇[①]”和两个“发挥”。其中，“充分发挥市场在资源配置中的决定性作用，更好发挥政府作用”经常被通俗地描述为“有效市场+有为政府”。

“强政府+强市场”的双强结构是中国式社会主义市场经济体制的重要特点之一。从理论上看，这既有利于避免西方自由资本主义体制下强调“大市场、小政府”的经济发展模式所难以克服的周期性经济危机，亦可规避计划经济体制下“大政府、小市场”所造成的运行僵化。

然而，在现实运行中，“有为政府”与“有效市场”之间的“理想”界面并不容易达成，经常会出现交错越位的现象。例如要么由于地方政府行政手段的干涉过深导致公平市场机制的失衡或市场参与者（尤其是民营经济）活力的受挫，要么由于某些领域法律法规的不健全或监管不到位导致市场的无序发展，甚至造成社会公共福祉的损失。在这些问题发生及纠偏的过程中常常带来巨大的经济运行摩擦和成本。

我认为解决上述问题关键要从“中观经济”维度发力。

在传统经济学理论框架中，通常按照研究对象分类为微观经济学和宏观经济学，其中微观经济学研究的是单个经济单位（如企业、个人、家庭等）的经济行为；宏观经济学则主要研究整个国民经济总体及其经济活动和运行状态，如总供给与总需求、国民经济的总值及其增长速度、国民经济中的主要比例关系、物价的总水平、劳动就业的

① 毫不动摇巩固和发展公有制经济，毫不动摇鼓励、支持、引导非公有制经济发展。

总水平与失业率、货币发行的总规模与增长速度、进出口贸易的总规模及其变动等宏观问题。

“中观经济”，顾名思义是要研究介于宏观和微观之间的经济运行主体及其经济活动。在中国，按照我们最直接的观察和习惯上的理解：国家中央政府及附属机构是宏观经济研究和政策制定的主体，各省市级地方政府及附属机构则处于中观经济层面，它们既要扮演宏观政策的贯彻者和执行者，又要作为所辖区域经济发展的主责人，一方面依据发展目标和规划向下配置资源，另一方面协调区域内各类微观经济主体和要素按照市场化规则和机制有效运行。

陈云贤、顾文静于2015年出版《中观经济学——对经济学理论体系的创新与发展》一书，该书重点探讨了在区域经济发展中，政府与市场的全新关系。作者把区域资源的有效配置作为“中观经济学”研究对象，从区域政府“超前引领”作用的提出，到发现区域政府的“双重角色”（指区域政府的“准企业”和“准国家”的双重角色）；从市场竞争“双重主体”（指市场中存在两个竞争主体：企业和区域政府）的强力驱动，到推演成熟市场经济的“双强机制”（指“强市场”和“强政府”），这种区域政府借助市场力量与手段引领区域经济发展的行为，突破了传统经济学意义上的政府概念。这种“有效市场”基础上的“有为政府”，既不同于微观经济学对市场竞争主体的界定，又不同于宏观经济学对政府职责的定位，需要放在一个“中观经济”的维度来进行研究和解答。

值得一提的是，陈云贤先生的事业生涯横跨学、商、政三界，作为北京大学经济学博士，他既在若干著名高校担任客座教授、研究员、博士生导师，又曾是中国知名券商广发证券的创始人。由商转政后，他曾任佛山市顺德区委书记，佛山市常务副市长、市长、市委书记、市人大常委会主任，广东省副省长等公职。基于丰富经历和躬身实践而形成的这部著作，对于我们理解和研究中国区域经济发展逻辑和成败经验是大有裨益的。

陈云贤先生的这本著作某种程度上是对中国改革开放四十多年来大多数发达地区（尤其是大湾区、长三角地区）成功发展经验的总结，其中关键因素在于这些地方政府在历史条件下扮演了适当的经济角色并较好地处理了其与市场的关系（我们直观的经验是这些发达地区的政府官员具有更好的市场思维、更高的行政效率、更少的官僚主义、更少的插手企业的具体经济行为等），由此极大提高了这些区域内各类经济主体的活力和经济要素的运行效率。

可以说，能否处理好政府与市场的关系在很大程度上直接决定了地区之间的经济差距。放到整个宏观经济层面，我们看到中国南方和北方的 GDP 总量差距从 2012 年开始逐渐拉大，南北差距正在替代东西差距，这在根本上是市场化程度的差距。

然而，这些历史上的成功经验还能否继续适应新时代中国式现代化经济体系的发展要求呢？

二、大变局与新矛盾

在党的二十大报告中，对中国当下所面临的宏观局势提出了三个“变”的总体判断：“世界之变、时代之变、历史之变正以前所未有的方式展开。”

这种全局性的变化正在中国经济体系内部引发多层面、多维度的问题，开始凸显出宏观、中观、微观各层面的经济运行矛盾。

1. “构建全国统一大市场”，症结在哪

首先，为应对国际上的去全球化浪潮和日益加剧的大国竞争，中国进一步强调加快构建以国内大循环为主体、国内国际双循环相互促进的新发展格局，着力扩大内需，增强消费对经济发展的基础性作用。为此，我国需要加快构建全国统一大市场，深化要素市场化改革，建设高标准市场体系。

这些目标的达成将直接作用于宏观经济与中观经济之间的新结构矛盾与新关系重塑上，落脚点是推动中观层面的经济结构和运行关系的深化改革。我认为，这其中的关键应是地方政府改革。

回顾历史，中国改革开放之初，起点是宏观层面，而发力点在中观层面。一方面，改变计划经济时代从以中央政府为主、各功能部委（如一机部到八机部等）围绕中央设定的目标展开自上而下的“条条”之间的博弈与竞争局面，转变为中央在设定经济发展目标之后下放权力给地方政府，让它们发挥积极性，因地制宜，在实际工作中竞争，这是一种自下而上的“块块”式竞争模式。另一方面，用“以经济建设为中心”来评价地方主官，并将这种评价纳入升迁考核，通过“官场＋市场”的双维度竞争机制极大调动地方政府发展区域经济的积极性[①]，这种经济体制成为推动中国经济整体长期高速增长的巨大动力。

然而，其弊病也很明显，尤其在今天，中国经济体量越来越大、国际竞争越来越激烈、整体增速放缓，以及模式转轨（高质量发展）的背景下愈发暴露其负面影响。兰小欢博士在《置身事内——中国政府与经济发展》一书中进行了精辟的归纳：第一，缺乏真正的淘汰机

① 经济学博士兰小欢在其著作《置身事内——中国政府与经济发展》一书中对上述改革进程和动因有过系统的阐述。

制。地方政府就算不思进取，也不会像企业一样倒闭。政绩不佳的官员虽然晋升机会可能较少，但只要不违法乱纪，并不会因投资失败或经济低迷而承担个人责任。第二，绝大多数市场竞争是“正和博弈”，有合作共赢、共同做大“蛋糕”的可能。而官员升迁则是“零和博弈”，晋升位置有限。所以在地区经济竞争中会产生地方保护主义，甚至出现“以邻为壑”的恶性竞争现象。第三，市场和企业间一般是长期竞争，延续性很强。但地方官员任期有限，必须在任期内干出政绩，因此会刺激“大干快上”的投资冲动，拉动地区 GDP 数字快速上涨，不惜忽视长期风险和债务负担。

事实上，地方上的发展保护主义和地区间竞争日益白热化（例如近些年各地的抢人大战、招商大战），与国家层面要构建统一大市场的目标之间越发凸显矛盾。因为要进一步释放经济增长潜能就需要经济要素不能仅仅在一个区域的纵向城乡之间进行流动，更需要强调横向跨地区的流动。陆铭教授在其著作《大国大城——当代中国的统一、发展与平衡》中的开篇就开宗明义指出：中国真正需要担心的并不是经济上的“拉美化”，而是“欧洲化”（确切来说，是“欧元区化”）。“任何大国的存在，都是因为这个国家的人民愿意通过协调地区间的矛盾来追求全体人民的公共利益，而这个公共利益在更小的国家不能实现。”“中国要谨防出现这样一种局面，即在对待生产要素（特别是劳动力）跨地区流动这一问题时，各个地区都采取‘国家间’的思维模式。”“中国已经到了呼吁每一个省、每一个市、每一个县、每一个人放弃本地思维，顾全公共利益的时候了。”

历史反复证明，对于重大结构性矛盾的处置与调整，从“呼吁”到“现实”往往不是一个自然而然的转变过程，既需要决策者作出重大抉择、秉持变革决心，因为模式的转变必然会带来固有利益的牺牲和改革带来的阵痛；同时更需要新体系的构建者和实施者如纯熟绣娘般施针精微，因为落至细节，对与错、好与坏之间的界限常常并非泾渭分明，而是取舍难判。

直觉上，对于构建“全国统一大市场”这件事，人们容易理解为解决的关键在于重构中央与地方政府间的行政治理关系与政绩考核方式（例如弱化或取消地方官员的经济增长指标考核，突出对低碳环保等指标的考核等），让地方政府既要保持应有的活力，同时又要站在国家的全局高度来行事，打破地方保护主义，共同构建“全国统一大市场”。

上述这个逻辑或许是有益的，但并非关键所在。破题的关键并非在于改变中央与地方的行政关系，而是改变政府与市场的关系。

长久以来，在特殊的语境下，人们常常忽略了市场的本质。市场是“自发”形成的，而非“人为构建”的。市场就像水，从涓涓细流到江河湖海，人们唯一正确的做法只有“疏”而非“堵”；反言之，只要不人为地设堵，市场就可以按照其内在的规律连点成片、逐步繁荣。所以说，建设“统一大市场”，根本上并非要拆掉各地区间所谓的“墙”，而是要减少政府对市场的直接干预（不论是经常变化的政策，抑或通过“平台公司”假托企业的身份去代表政府配置资源），建立市场内在稳定的预期，并只有在市场机制失效或由于垄断造成社会福祉损失时再通过法律的手段实施纠偏，“大市场”自然才会“统一”。

可见“构建全国统一大市场”，改革的关键在于改变政府职能，而这背后亦同步意味着地方经济增长模式的切换。

2. 从土地财政到产业财政，“惊险一跃”

1994 年的分税制改革对地方政府影响深远，改变了地方政府的经济发展模式，催生了“土地财政”和“土地金融”，成了地方政府推动快速城市化和工业化的资金来源。之后，各地工业园、高新区如雨后春笋般出现，各地政府主官纷纷化身超级业务经理招商引资，进而“大干快上”的城市基础设施建设迅速催熟越来越多的土地，拉开了房地产行业的大繁荣时代，最终通过土地的资本化效应充盈起各地的财政账户。

这几乎成为中国每一个地方政府拷贝的基础模式，并基于此形成区域内中观层面与微观层面经济结构和运行的关系模型。虽然各地实施效果差异很大，甚至需要中央政府的转移支付来保持地区均衡和实现社会公平，但是确实从整体上驱动了地方经济的发展。

然而，如今这种模式越发难以为继，一方面，各地政府多年累积的巨量债务已形成越来越大的风险，加之宏观调控下房地产行业的总体下行，围绕土地的资本循环运行越来越吃力；另一方面，全球化的激烈竞争压力正无减损地传递给国内企业，加之新冠疫情长期肆虐的影响，企业经营压力越来越大，并在很大程度上影响了普通民众的收入和就业，进而抑制了消费的欲望，最终加剧了上述经济循环的困难。

所以，传统“土地财政”的增长模式已经成为各地方政府迫切希望扭转但又难以短期扭转的致命问题。从“土地财政”转型为“产业财政”“创新财政”已成为摆在地方政府面前的、决定着区域经济能否可持续健康高质量发展的中长期命题。

在这个转型的过程中，有一个非常重要的改革方向是具有多方共识的，那就是政府职能需要转变。“在工业化和城市化发展初期，经济增长是地方政府最重要的目标，与企业目标大体一致，可以共同推动经济发展。但在目前的发展阶段，政府需要承担起更加多元的职能，将更多资源投入教育、医疗、社会保障等民生领域，改变与市场和企业的互动方式，由'生产型政府'向'服务型政府'转型[①]。"

但这并不意味着不再重视经济发展，党的二十大报告中指出："高质量发展是全面建设社会主义现代化国家的首要任务。发展是党执政兴国的第一要务。"只不过，政府需要转换一个角色来达成这个目标。强政府的内涵不应再体现为对企业功能的扮演和模拟上，放到更长期的发展视角来看，政府的"准企业"角色是作为后发者在追赶途中的一种被迫选择。未来，政府（连带直接承担政府职能的平台类国有企业）可逐步将区域经济发展的资源配置权交还给市场，政府平台类国有企业要么剥离经营性资产，回归为政府部门，要么转型成更加纯粹的市场化经营主体[②]。

可见，我国地区经济增长模式转型的关键亦是政府与市场关系的改革，这是未来需要长期坚持的方向。尤其在当下复杂国际局势和新冠疫情冲击所导致的外需减弱、内需不振、投资带动力不足的局面下，政府可自我约束行政干预的冲动，减少"运动式""政绩式"的产业投资和建设行为，转而持续建设更加有利于公平自由市场经济的软、硬件基础设施（尤其是软件环境的完善，例如创新专利、私有财产保护等方面的法律建设，持续倡导企业家精神等），不断巩固和强化政府信誉，建立持续而稳定的市场预期，不断增强企业家创业和民众消费的信心——只有这样，中国经济增长模式才能实现真正的升级换轨，而不是在老路上左冲右突。

① 兰小欢：《置身事内——中国政府与经济发展》，上海，上海人民出版社，2021年：第8章。
② 从党的十八大后的国资国企改革"1+N"政策来看，正是沿着这个逻辑在推进深化改革。

然而这个换轨的过程注定不会一帆风顺，堪比“惊险的一跃”。市场与政府这对“欢喜冤家”，不论孰进孰退都会伴随着强烈的阵痛。为了让这个改革过程进行得更加顺滑而稳健，因此我建议引入“集团经济”这一概念和内涵，补充到中国现代经济体系的发展框架之中，以此作为中国式现代经济发展理论的一种有益创新。

三、引入“集团经济”，铸造深化改革的新杠杆

目前中国经济体制框架中的主要结构性矛盾聚焦于中观维度，即宏观经济与微观经济之间的传导环节。在中国式现代化的目标要求下，中央与地方、政府与市场不应是简单的孰进孰退的关系，而应该立足新的发展环境和发展阶段，构建一种新型的、体现社会主义市场经济特征的经济发展结构和运行关系。集团经济在中国现代化经济体系中的定位与关系如图 1 所示。

现实运行中，政府与市场关系之所以会失衡，一个重要的原因在于政府是具有统一意志的行政主体，政策从中央到地方可以多级贯穿，而市场则是主体多元分散的开放生态，具有趋利避害的本质特征。为解决这种失衡问题，需要一种具有“中间态”的组织，能够将政府与市场这对矛盾体进行有机融合，同时起到价值转化和缓冲的作用，共同构成一个新的经济发展结构。

在这个新发展结构中，应该引入一个具有中观经济特征的新经济形态——（企业）集团经济。它立足集团经济市场化的特征本质，对外横向链接耦合产业和区域各类经济要素、共同向上承接宏观经济目标和政策传导（集团经济的外部性），对内（母公司及旗下的各级

分、子公司）施以高效治理、管控和赋能等手段，实现集团整体高效经营和价值实现（集团经济的内部性）。

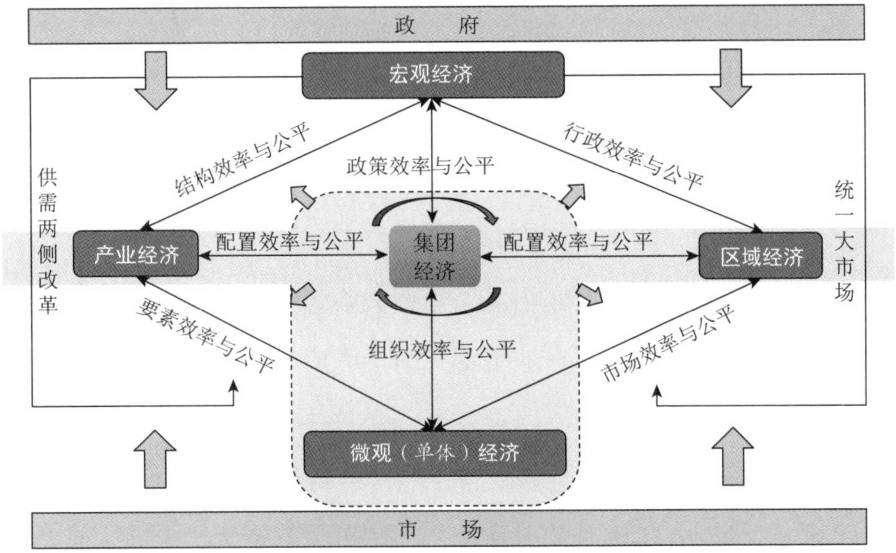

图1 集团经济在中国现代化经济体系中的定位与关系

处于中观维度上的“产业经济—集团经济—区域经济”之间的互动与耦合关系成为解决中国整体经济运行效率的关键。其中，企业集团群体所代表的集团经济将起到越来越重要的“枢纽”作用。集团母公司将基于自身发展战略，或对内、外部环境变化的判断而选择动态地调整相关经济要素的内部化（例如并购资产）或外部化（例如出售资产），由此客观上带来集团边界的扩张或收缩。

接下来，我们共同探讨集团经济的内、外部性特征与科学发展。

第一章中，我们先来介绍一下企业发展的集团化、巨型化实践对小到百姓生活、大到国家竞争格局演变所产生的客观深远影响；尤其对于中国经济体系改革中的一个重要命题——国资国企改革来说，探讨集团经济问题更具有迫切的现实意义。

为应对上述的变化和现实挑战，我们需要从理论层面入手并对相关理论进行必要的创新和升级。故第二章我们对集团经济相关的若干重要理论问题进行探讨和澄清，包括集团经济的定义与内涵、基本假设及效率与公平等问题，这些都将给集团经济运行中的诸多现实问题的解决提供方向和思路。

第三章中我们将重点讨论集团经济的外部性问题，即集团经济与宏观经济、产业经济和区域经济的融合互动关系，这是本书的重点章节之一。从现实角度讲，识别并发挥好集团经济的内、外部性特征，有益于从结构上优化政府与市场的运行关系，并且在较大程度上减少两者间的摩擦。本章从“有效市场 + 有为政府”这一中国经济发展模式样本出发，一方面总结了改革开放四十余年的成功经验，另一方面也指出了这种“双强”结构在实际运行中表现出的主要矛盾和弊端，进而建设性地引入“强企业（集团）”这一经济要素，共同构成“三强”动态均衡结构（即强市场—强企业—强政府，或表述为有效市场 + 有力集团 + 有为政府），让具有集团经济特征的大型国有企业、民营企业及混合所有制企业共同在优化市场和政府关系中起到更加重要的枢纽作用。并且，我们将从理论和实证两个维度共同论证：大型企业集团数量的增加和实力的持续提升对中国现代产业体系的构建，以及国家 / 区域竞争优势的升级都将发挥更加关键而积极的作用，并有益于全社会福祉的提升。

集团经济外部性价值的发挥取决于企业集团的内部经济效率，故第四章和第五章我们分别从集团战略和集团组织体系两个层面展开对集团经济内部性问题的分析和阐释。

其中，集团战略绝非仅仅是人们通常认知的“目标 + 策略 + 路径”的蓝图描绘，其核心是思考并构建企业的集团经济模式；换言之，明确并设计好集团经济模式是形成集团战略的底层逻辑，进一步指导企业集团明确自身发展的经济“底色”，围绕该“底色”构建具有自发动力机制的“发展飞轮”，而集团化管控的目的就是通过不断促进“发展飞轮”的转动来持续塑造自身的主属性特征和长期竞争优势，避免在集团化的过程中发展失焦，甚至掉入系统性崩溃的陷阱。如果把企业视为一个“人造生命体”，通过明确其集团经济模式并动态优化战略，对指导该企业的持续进化、成功穿越周期及消除自身的系统性风险是大有裨益的。

集团组织管控体系是对集团经济的适配与反塑——这是第五章的主要内容。企业集团是一个复杂系统，组织设计向来是个难题。这不仅仅需要对企业集团内部多元经济主体（母公司及众多子、孙公司，生态成员）权责利的有效平衡，以及最大化兼顾集团运行的整体效率与公平；更具挑战的是集团组织管控体系要能够“一致性”地呈现其集团经济模式的价值要求，并且要系统地将组织的“功能—架构—运行（FSC）”体系进行自洽设计，避免组织运行中发生结构性冲突和“多张皮”现象。集团组织管控体系设计的核心是母公司的再造与重塑，母公司的定位决定了整个集团的管控风格与管控模式，自然也就呈现出差异化的管控价值。本章的最后，我们针对集团组织管控体系中的若干重要问题，如集团管控模式、集团内组织协同及集团内部创新等进行了深入讨论与阐述。

最后，我谨向我的客户和工作伙伴们致以诚挚的感谢，在与你们的合作交往中，我收获了大量有益的资讯和经验，促使我不断地思考与研究，进而完成本书。但需要说明的是：“集团经济”是一个崭新的命题，尚未形成完整而缜密的理论体系。我是一名从事“企业集团化”相关战略与管理咨询工作的“老兵”，近 20 年来已带领团队为数百家大、中型企业集团（既包括中央企业、国有企业，又包括大量民营企业集团）提供战略发展与组织管控等方面的咨询服务，推动它们的持续升级转型与管理变革。本书的内容和观点主要源于我的工作实践、相关理论研究与思考，由于学术水平和实践视野的限制，难免会出现诸多不足，甚至谬误。故而本书仅作为对“集团经济”理论问题的热情探索之作，欢迎读者批评指导，共同完善！

目录 Contents

第三章 中国式现代化经济体系与集团经济的外部性 CHAPTER 3

第四章 集团经济模式与集团战略发展的底层逻辑 CHAPTER 4

第五章 集团组织管控体系是对集团经济的适配与反塑 CHAPTER 5

CHAPTER 1

1 第一章

（企业）集团经济的崛起

CHAPTER 1

1

20世纪70年代中叶，德国爱登堡大学的国民经济学教授汉斯·鲁道夫·彼得斯博士首次提出“中观经济（Meso Economy）”的概念，并将“集团经济”、部门经济[①]和地区经济[②]共归于中观经济范畴。

集团经济是产业经济和区域经济在同一经济组织内的集合体，它具有交叉性、综合性和独立性。对于专业化的集团来说，它属于单一产业在同一地区或不同地区的集合；对于多元化的集团来说，它属于若干产业在同一地区或不同地区的集合；对于跨地区的集团来说，它是一个产业或多个产业在不同地区的集合。根据中国的实际情况看，很多集团是既跨地区、又跨产业的企业集合。

① 可用我们今天更加熟知的“产业经济”来替代理解。

② 可用我们今天更加熟知的“区域经济”来替代理解。

ONE 一
中国企业正批量进入巨型化时代

有这样一类企业，它们的产品或服务种类多元且覆盖广泛，触达我们日常生活或工作的细微，甚至无处不在，它们的一些品牌成为某些类商品的代名词，甚至横跨多个不相关的行业。它们可能是知名的上市公司，也可能拥有或控制着多家上市公司，规模体量之巨可能持续位列各类“500 强”榜单，掌门人通常都是商业巨子或明星企业家，它们往往成为各类商学院案例教学经常要引用的典型……

还有另外一类企业，除了相关领域的专业人士，很少有人知道它们的名字，它们行事低调却强势地直接或间接控制着一些产业、区域乃至国家的经济命脉，往往拥有可快速调动的巨量资本，也可能悄悄拥有着巨量的资源和资产，抑或控制着某些重要商品的流通网络乃至商品定价权。它们虽然不在各类“500 强”榜单上，却可能控制着数家世界 500 强企业，“大音希声，大象无形”，我们屏息凝神也能真切实在地感受到它们的影响力，犹如远山寺庙的洪钟，浑然而厚重地弥漫在我们周围……

我不需要说出这两类企业的名字，每个人都可以罗列出几个典型的代表。

这些企业虽然或明或暗、或显或隐，起源不同、领域各异，甚至体制有别，但发展到今天，它们却拥有着一个共同的显著特征——巨型。

巨型之“巨”通常意味着雇员数量、资产规模、营收规模、市值规模都非常巨大，而巨大的规模又意味着“复杂性”特征非常突出；换言之，这种规模的企业已经演化为一类“复杂系统”乃至“复杂巨系统”。

其规模的巨大和系统之复杂，使得我们很难看清它们的边界和全貌，哪怕它们的商品已经成为我们日常生活中的一部分，哪怕我们自己正就职于这些巨型企业之中，却也常常很难搞清楚它们的整体运行机理和构建逻辑。

我们看到，当代企业集团的经营规模正在变得越来越巨大（营收规模可能达数千亿美元，这已是中型国家 GDP 的水平）、员工数量越来越多（可多达数百万人，这已是大城市的人口规模标准）、经营范围越来越广（大型企业集团经营往往横跨数个乃至数十个大小行业，抑或在某个乃至某几个行业中纵向覆盖产业链多个环节）、经营维度越来越多元（跨区域 & 跨国、Online&Offline、族群 & 场景等“全息战场”）、组织模式越发多样（科层式、合伙式、平台式、网络式、生态式等）、集团的边界越来越模糊（股权定义边界、管控定义边界、契约定义边界、文化定义边界）……

作为后发者的中国企业，大多长期处于低水平发育和追赶地位，从全球尺度来看，“体量弱小”在相当长时间里都是中国企业的总体特征。然而近 10 年来，情况有了急速转变，这从中国企业入选世界 500 强榜单的数量就能看出：2001 年进入世界 500 强排行榜的中国企业为 11 家，随后的 20 余年里，中国企业在排行榜中的数量快速增长，先是超过了德国、法国、英国和日本，2019 年超过全球最大经济体美国。2022 年榜单显示，中国大陆（含中国香港）上榜公司数量达到136家，加上中国台湾地区企业，中国共有145家企业上榜，企业数量继续位居世界各国之首。

那么，问题来了。

①“集团化”几乎成为企业生命周期某个阶段必然进化的发展模式和组织样态，并且呈现出愈加复杂之势。我们现成的企业组织理论能否继续有效地指导大型乃至巨型企业集团的发展与演化？

② 随着万物互联、数字经济和人工智能等新经济势力和全面跨界融合力量的冲击与颠覆，企业的生命形态也正凸显出“物种多样化”和“物种大爆发”的特征；与此同时，新时代的企业集团也表现出更多新的经济内部性和外部性特征。企业发展理论如何与时俱进地解释越来越多的新现象？

③ 以往我们基本上是全面学习和承接西方经济与管理学的理论体系，用他们的理论假设、标准、逻辑、模型来解释中国企业的发展问题。而今，随着中国企业（无论国有企业还是民营企业）开始逐步成长为世界级企业，中、西方的经济体制差异愈发突出地显现出来，中国企业在越来越多的经营管理场景（例如国资国企改革、混改经济等）开始进入“无人区”，西方经济学和管理学理论是否能很好地回答“中国问题”？

④ 虽然中国在诸多方面依然与西方发达国家存在客观差距，但不可否认的是，随着经济实力和综合国力的不断增强，中国的学者是否需要尝试研究并建立一套更能指导中国特色企业集团发展模式的理论体系，或者说，将中国企业集团的实践与理论发展为一种世界级的新主流？

20世纪80年代中期，中国学者王慎之出版了《中观经济学》一书，这可能是中国第一部中观经济学专著，但很可惜该书只着重阐述了“产业篇”和“区域篇”，并未涉及“集团经济”。

遗憾的是，对于中观经济的第三级——集团经济，目前鲜见成体系的研究成果。很显然，这与企业集团型组织在国民经济中所发挥的作用与地位是极不相称的。

TWO 二
—“企业集团竞争的国家化”与“国家竞争的企业集团化”—

2019 年上半年，政经圈最具话题性的一本书非《美国陷阱》莫属，书中阐述的内容让中国人真切地意识到企业全球化竞争的残酷性与复杂性。

《美国陷阱》的作者之一弗雷德里克·皮耶鲁齐在书中揭露了一个令人毛骨悚然的“黑幕”：2013 年 4 月 14 日，时任世界 500 强企业、能源与工业设备巨头法国阿尔斯通集团（以下简称阿尔斯通）锅炉部全球负责人皮耶鲁齐原本打算在纽约中转后前往墨西哥开通业务，却未曾想刚下飞机就被美国联邦调查局探员戴上了手铐，开启了长达 5 年的牢狱之灾。随后美国当局又依托其所谓的“长臂管辖权”从世界各地逮捕了皮耶鲁齐至少三位前同事，并通过各种手段逼迫他们认下阿尔斯通在商业活动中的腐败罪行。随后，美国向阿尔斯通开出了高达 7.72 亿美元的巨额罚金，这给阿尔斯通带来了巨大的财政压力，最终阿尔斯通只能通过贱卖资产来缴纳罚款。而此时扮演“救世主”接盘的却是阿尔斯通的主要竞争对手——美国通用电气公司（以下简称 GE）。而阿尔斯通的遭遇并不是个例，GE 早于 2000 年就和美国政府达成了一致，在短短 10 年时间内就通过这个手段成功将 4 家公司收购，而阿尔斯通是第五家。

可见，大型跨国公司竞争的国家化特征越来越明显。换言之，大型企业集团参与国际竞争几乎无法凭借单维的商业手段达成目的，而必须依托强大的母国力量（外交、文化乃至军事等综合手段）才会获胜。故而，强企与强国是相辅相成的，弱国无外交、弱国无强企。去国别化的所谓“全球性企业”本身就是个伪命题，在交错激荡的国际局势下，企业商业行为作为国家政治力量延伸的特征越来越明显，这往往是不以个人意志为转移的。

近年来大量中国企业承受着巨大的经营乃至生存压力，但从宏观视角上我们看清了一个现实：在当今全人类总体呼唤和平的时代，企业（尤其是大型企业集团）商业行为所代表的经济层面的竞争成为国家间竞争的主要手段之一。

这也是为什么近些年各类“世界 500 强企业排行榜”“科技公司排行榜”“上市公司市值排行榜”“独角兽企业排行榜”等越来越受到人们关注的原因，因为我们可以通过分析这些企业的国别分布、行业分布及它们自身的发展战略来反向评估各国的实力与前景。哪些国家可以更好地将大型企业集团的战略与国家战略进行耦合，将会获得更强大的国家级竞争力。

综上可见，企业集团间竞争与国家间竞争的一体化和融合化趋势已经越来越明显、越来越深入。这一现象早在迈克尔·波特等人的理论中就可找到依据，迈克尔·波特教授在其著名的“竞争三部曲”之一的《国家竞争优势》中就将“企业战略、结构和竞争状况”作为国家竞争“钻石模型”中的六大要素之一。波特认为：第一，不同的国家有着各具特色的“管理意识形态”，这些“管理意识形态”帮助或妨碍形成一国的竞争优势。例如，在德国和日本企业中，工程师背景的人在最高管理层占据重要的支配地位，波特将此归结为这些国家企业注重加工制造过程和产品设计的原因。与此相对，在许多美国企业中，财务管理背景的人在最高管理层占据重要的支配地位，波特将许多美国企业（尤其在20世纪70年代和80年代）缺乏对改进加工制造过程和产品设计的关注联系在一起。他同时认为，财务管理在企业中的支配性质导致了相应的对短期财务回报最大化的过分强调和追求。这些不同的管理意识形态造成在以工程技术为基础、加工制造过程和产品设计问题至关重要的行业中，美国企业（如汽车工业）的竞争力相对丧失的同一后果。第二，一个行业中存在激烈的国内竞争与该行业保持竞争优势这二者之间存在密切的联系。激烈的国内竞争引导企业努力寻求提高生产与经营效率的途径，反过来促使它们成为更好的国际竞争企业。国内竞争给企业带来创新、改进质量、降低成本、通过投资提升高级生产要素等一系列压力。这一切都有助于产生具有世界级竞争力的企业。

当然，按照波特的理论，“企业战略”需要与“需求条件”“生产要素”和“相关及支持产业”共同构成一个“菱形”，并且当某些行业或行业内部门的“菱形条件”处于最佳状态时，该国企业取得成功的可能性最大。“波特菱形”同时还是一个互相促进增强的系统，任何一个特质发挥作用的程度都取决于其他特质的状况。比如，良好的需求条件并不能导致竞争优势，除非竞争的状态（压力）已达到促使企业对其做出反应的程度。然而，在四大要素之外还存在两大变数——“机遇”和“政府”，这是另外两个能够对国家“菱形条件”产生重要影响的变量，机会是无法控制的，政府政策的影响是不可漠视的。譬如，包括重大技术革新在内的一些“机遇事件”会产生某种进程中断或突变效果，从而导致原有行业结构解体与重构，给一国的企业提供排挤和取代另一国企业的机会。政府部门通过政策选择，能够削弱或增强国家竞争优势。

THREE 三

中国式集团经济的一个重要命题：国资国企改革

在2022年度《财富》世界500强企业排行榜上的145家中国企业中，国有企业数量约占2/3，达99家。其中，国务院国资委监管的中央企业有47家，地方国资委监管的国有企业有39家，财政部监管的金融等行业企业有12家，另有福建的兴业银行再次上榜。从组织形态看，这些企业无一不是体量巨大的企业集团。

然而，长期以来我国国有企业面临的发展问题也十分突出：规模增长倚重拼盘重组、大而不强、效率低下、体制僵化、活力不足……这些问题进一步反映我国国有企业集团在多层级治理与决策、分类发展与管控、分类考核与激励、经济要素的跨层级流动、市场化运行机制等方面有可优化、可提升的空间——这些正是国资国企改革需要重点攻克的难题。

中国的国资国企改革是一个长期持续的历史进程，自1949年中华人民共和国成立后，在国民经济中发挥着支柱作用的国有企业经历了多次变革阶段。透过这些现象，我们可以看到中国国有企业的改革脉络是与中国当时所处的大历史背景和宏观形势紧密衔接的，并且经历了从懵懂启蒙到摸索试错，再到整体布局的成长阶段。

1949—1977年是全面模仿阶段。中华人民共和国成立伊始，对于如何搞好企业经营这件事，大部分人都搞不明白，唯一的选择就是全面参照苏联的模式。在完全的计划经济体制下，国有企业的企业化特征其实并不明显，更像是国家部门的延伸。但从国家历史任务的视角看，国有企业在恢复生产、振兴经济的过程中发挥了难以替代的作用。在这一阶段，中国造出了自己的汽车、飞机等。

1978—1992年，改革思路为放权让利、增强国有企业经营活力。中国改革开放大幕拉开，中国经济和市场开始与世界接轨，在外部竞争的冲击下，国有企业多年淤积的僵化与低效弊病凸显了出来，倒逼国有企业启动改革。然而由于缺乏足够的理论和经验指导，这一阶段的改革事实上不是很彻底，基本没有触及企业作为经济体的属性本质，改革的策略是希望在所有权不变的前提下，只是通过经营权下放激发国有企业经营活力。中央通过出台“承包制”“利润留成”“利改税”“厂长（经营）负责制”等方式，力图扩大企业经营管理自主权，打破“平均主义”“吃大锅饭”等老问题，在一定程度上激发了国有企业的经营活力。但由于没有涉及国有企业基本制度改革，很容易造成政府“预算软约束”和国有企业“内部人控制”等新问题。

1993—2002年这个阶段，改革重点立足于制度创新。1993年，党的十四届三中全会进一步指出，必须坚持以公有制为主体、多种经济成分共同发展的方针；国家要为各种所有制经济平等参与市场竞争创造条件。在这一背景下，国资改革要求在国有企业中建立“产权清晰、权责明确、政企分开、管理科学”的现代企业制度。在实践中，中央提出“抓大放小”战略，即抓好关键少数大企业，放活数以万计中小企业。随着政企分开逐见成效，以及国有大型企业通过重组兼并变得越来越庞大，如何实现国家有效监管成为核心问题。

2003—2012年的重点体现为监管权和股份制的改革。一方面，为解决国有大型企业所有者缺位问题，国务院于2003年成立国务院国有资产监督管理委员会（以下简称国资委），作为国有企业出资人代表，履行监管职能。随后，国资委逐步建立起国有资产监管框架和法律法规体系，并且开展股份制改革、引入董事会制度。但实际操作中，由于国资委并非企业的真正所有者，国有企业所有者缺位问题依然存在。另一方面，随着中国加入 WTO，中国企业面临和国际跨国公司直接竞争的阶段。而此时中国的民营企业总体相对弱小，故国有企业的快速做大做强直接决定了中国参与国际竞争的底气。因此在这一时期我们看到了国资委直接推动下的国有企业兼并重组浪潮。

2013 年至今是持续纵深改革阶段。这一时期国资改革的一个突出特征就是特别强调顶层的政策引领。以“1+N”系列政策为纲要蓝本，持续推进落实完善国有资产管理体制。在这一阶段，明确了国有企业分类改革的发展目标，进一步完善国有企业公司治理结构，加快发展混合所有制经济，推动国资监管模式转变。具体来说：在经营权方面，体现在董事会建设、职业经理人选聘、业绩考核、薪酬分配差异化等制度建设上；在所有权方面，主要体现在混合所有制改革和股权多元化改革上；在监管权方面，从原先“管人、管事、管资产”的企业监管模式，转变为以组建国有资产投资、运营公司的母公司，通过股权关系构建管理纽带，实现从管资产到管资本的转变。

这一时期中国政府面对的内、外部环境呈现出前所未有的复杂局面，中国发展迎来“百年未有之大变局”。而作为中国经济“压舱石”的大型国有企业集团，正被赋予承接国家重大战略使命和承载国家全球竞争力的重要使命。

在这个意义下，国有企业改革真正进入“深水区”，既要全速航行，又要如履薄冰，要在改革进程中同时处理好多重重要关系：与国家和区域战略的承接与协调关系、与全球一流企业之间的竞争与合作关系、与民营经济的融合与共赢关系、与科技革命和模式创新的与时俱进的关系等。

总体来看，目前的国有企业改革在诸多方面都取得了较显著的成效，整体竞争实力和经营管理效率得到了提升。但我们也要清醒地认识到，由于各企业自身在外部环境、资源禀赋、历史包袱和改革魄力上的差异，必须个性化地设计改革路径和举措，不可搞“一刀切”，更不可“大跃进”。同时，改革的程度越深，越会触及根本矛盾，改革的推动也会更加艰巨。

但有一点是明确的：中国的国有企业改革必须坚持、不能停，只许成功、不能失败，因为这将在很大程度上影响整个国家战略目标的达成、中华民族的伟大复兴和中国人民的普遍福祉。

关于这个重大命题，我们将在本书中进一步深入探讨。

FOUR 四

—— 大型企业集团的垄断行为必然带来社会福祉的损害吗 ——

关于“企业集团的垄断行为将造成社会福利损失”的观点长期以来在经济学界获得广泛支持（例如约翰·肯尼思·加尔布雷斯等人认为的“大企业数量的增多对于社会整体福利是一种损害”）。当然，历史上大企业的垄断行为也的确在西方资本主义国家产生过非常恶劣的影响，如今世界上已经有 100 多个国家和地区制定颁布了反垄断法律法规。时至今日，对垄断“踩刹车”“开罚单”“亮红灯”已经成为世界各国的通行做法。虽然人们对于经济学家们提出的“垄断危害”观点尚存有广泛的争议，但是无论如何，反垄断浪潮的兴起至少从道德层面令人们对大型企业集团普遍产生较为负面的认知。

随着时代的发展，我们也观察到，从企业集团内部开始涌现出一股越来越明显的自我抵制垄断恶行的力量。这种力量往往以道德、文化价值观、内部政策和制度等形式呈现，并力图阻止企业陷入贪婪逐利之恶所带来的负面影响。

例如华为通过《华为基本法》明确公司发展、经营管理、人才发展等方面的导向和约束规则，同时还设置道德遵从委员会及相关管理部门，引导和规范华为员工从语言、习俗、宗教乃至生活习惯等方面主动适应和融入所在国家或地区。换言之，目的是使华为在其经济力量越来越强大的时候努力约束自我行为，进而呈现出对社会福利的良性贡献。

越来越多的公众公司开始主动接受外部道德标准和规范的约束与监督，甚至会定期向社会发布其在保护环境、提升人类福祉、消除贫困、保护良性竞争等方面的工作和成绩。

国资国企改革中特别突出强调的“党的建设”，目的之一是保持国有企业的社会主义属性始终是组织从上到下强调贯彻的重要意志，哪怕是被定性为“商业竞争类”的国有企业，也要在一定程度上强调其社会效益。

上述这些企业内部道德力量的涌现与对自身恶行的约束或许不是一种随机现象，而是具有其内在生成机理的。

机理一：企业扩张和竞争中涌现的道德力量——商业的终点是道德。

企业集团具有“生态经济人”的根本特征，这一点在大型企业集团身上体现得尤为明显。与小企业相比，大型企业集团由于自身实力的提升，无论从发展意志还是治理管控行为都开始“外溢化”，并从被动适应的应激性经济行为特征转为对所处产业链生态、区域经济生态的反向影响和主动改造上——企业集团（总部）跃升为“生态治理者”。这就使得大型企业集团不仅要遵照经济逻辑和商业规则行事，还要遵循更广泛的社会、道德、人性、价值观和文化的要求。

集团母公司（总部）不但要成为内、外部效率的督导者，还要成为公平与道德的“执剑人”，只有在集团内部经济组织中确立和贯彻，才能“以德服人”，影响外部生态，以形成更加良性健康的生态秩序。

另外，从行业竞争角度看，当某领域由若干个均势的大型企业集团构成寡头格局时，它们彼此的竞争将不局限于市场层面的产品和服务比拼，而是上升到供应链/产业链层面的竞争。于是，大企业的战略重点可能并非是挤垮、消灭小企业；相反，大企业更倾向于与之结成共生的产业生态并实施良性治理与赋能，以利于其和同量级竞争对手的升维竞争。

机理二：当生存成为第一需求，对风险的恐惧唤起企业良知。

当企业发展突破一个阈值后，内部复杂性挑战将超过外部复杂性挑战，进而大型企业集团间竞争的终极 PK 将是各自的整体抗风险能力——复杂系统的失败往往不是来自外部的强大冲击，而是常常源于内部的崩溃。故而对于大型/巨型企业集团而言，最大的风险将随着集团边界的持续扩张而更多地体现为内部的系统性风险，风险因子既来自企业内部由于经济活动复杂度增加所带来的运行风险（例如常见的集团成员单位之间的关联担保行为），又来自外部风险的内部化（例如某主机制造企业通过股权收购控制了上游零部件企业，实现了供应链效率的优化，但也同时意味着将原本双方通过市场交易的风险内部化了）。

现实中我们经常会看到，很多大型企业集团并不是经历一个逐渐衰落的过程，而是几乎瞬间崩溃，核心原因在于该集团对其内部系统性风险的管控力和化解能力薄弱，使得一个微小的风险因子扰动便迅速带来连锁式的恶性传导，引发整体的崩溃。所以，当内部系统性风险成为一个企业集团生存的最大威胁时，该企业集团自然要持续强化自身的风险管控和化解能力，但从长远考虑，其更优选项是将自身发展始终朝向有利于社会福利最大化或福利损伤最小化去布局和引导。因为只有这样，外部生态才会给其良性的正反馈，以推动其持续生存和发展（负熵效应）。由此可以理解这样一些现象：华为将“鸿蒙”“欧拉”操作系统向全社会开放，阿里开源了支付宝数据库 OceanBase，百度开源了自动驾驶技术……

所以，当集团规模和影响力越来越大，或许客观上会自动减弱乃至消除其主观上实施“社会福祉损害”的概率，因为任何反道德的举动都会首先引发对集团内部价值观和秩序的破坏，直接伤害的是内部健康的生态结构。因此集团总部将自动扮演起类似于政府的公益和道德“执剑人”的角色，并主动在集团内部营造并维持一个道德标准和规范；若有内部违反者，可能首先会受到集团总部的处罚。

机理三：引入内部竞争机制，保持企业集团的经营效率和创新活力。

在一个充分的市场经济环境下，无论是为了应对现存竞争者还是潜在的创新挑战者，任何一个英明的 CEO 都不太可能自恃已取得的竞争优势而止步不前、高枕无忧，哪怕这家企业已暂时获得了垄断的地位。因为市场竞争的丛林法则是不进则退，一旦“巨轮”缓行，就会迅速出现更高效率者来争夺或补位，更何况大企业 CEO 的巨额薪水是要依靠不断满足股东和投资者们高收益回报所换取的。

故而，对于暂时居于垄断或寡头地位的大型企业集团 CEO 而言，一个明智的选择就是在集团内部引入竞争机制，例如划小可独立核算的经营单元，建立内部“赛马机制”；或者针对同一市场设立两个以上的品牌和经营团队，既形成一定的内部竞争关系，又可以对外部挑战者构成组合围剿的态势。

故而，对消费者而言，行业的垄断或寡头局面未必会带来比充分竞争局面更高的消费成本，甚至优秀的企业集团会通过持续优化内部运营效率、降低生产和配送成本不断维持一个更低的利润空间，以吓退潜在的新进入者。进而我们推论得出，大企业比例的增加客观上有利于促进全社会全要素生产率的提升和运行成本的降低。当然，这里有个必要的前提条件，即要有一个充分的市场竞争环境。

机理四：引导企业集团保持道德良知的必要外部条件。

要保持和引导企业集团主动坚守道德约束并持续实施有利于社会福祉的行为，还应该满足两个必要的外部条件。

条件一：有一个拥有最高社会公共使命的（代表最广泛的公众利益并获取公众信任）、独立的（不受大型财阀和资本左右）、富有远见并能科学行事的（具有长期主义和专业能力）、拥有足够权威的（拥有足够强大的国家机器和行政能力）有为政府进行整体经济生态的规则制定和实施宏观调控，并对大型企业集团可能产生的“负外部性”行为进行科学干预或实施处罚。

条件二：政府应着力推动建设一个充分活跃的市场经济体制和崇尚企业家精神的社会。高度活跃的市场经济体制将引发加速创新与颠覆：倘若真的出现某寡头集团的反道德行为，例如通过垄断或联盟来操纵价格，令消费者产生损失，或者由于其寡占地位所造成的“懒惰”延缓或阻碍技术革新，形成对社会福利的绝对性损伤……这些情况出现的同时就会刺激市场上创新者的“上场”欲望，且其欲望程度与寡头破坏者的恶劣程度成正比。

在互联新经济和资本充裕的时代，创新成本的降低和崛起速度都是以往年代无法想象的，这会倒逼具有垄断能力的大企业更倾向于选择用社会平均成本来设定价格，避免出现新挑战者。同时，要从社会文化和价值观上倡导企业家精神，要让人们认识到企业本质上不是一堆纯粹由股东资本驱动的、冰冷的资产组合，而是由企业家带领的、相关成员共创的、具有某种使命和意义的事业组合——应更加倡导“企业家雇佣资本”，而非成为资本的奴隶[①]。

---

① 和君咨询集团董事长王明夫先生在其《资本经营论》一书中曾经有精彩论述：“我们发现，这些长期以来被看作天经地义的思想和观念（主要指‘资本雇佣劳动’的观念，作者注），并没有任何站得住脚的终极依据，也每每与现实企业社会的实际情况相抵牾。”“通观整个企业契约理论，不难发现，传统的那个所谓‘企业是股东的企业’的所有权概念，实质上是大众心理上的一个虚妄。因为‘股东是老板、经营者是打工者’已经成为人们的思维定式和心理习惯。在这个虚妄的企业所有权概念主导下，我们不能指望企业家在企业中的地位能够得到正确的理解和对待。”“在企业所有权和公司治理的现实生态中，既有‘资本雇佣劳动’的传统格局，又不断地涌现出‘企业家雇佣资本’的新现象、新局面。”“产业世家福特家族和投资大师巴菲特等，通过发行只有分红权、没有投票权的股票（或投票权利受到限制的股票，比如拥有二股、四股或若干股才享有一个投票权），既筹集到大量资本，又保持着对公司的控制权。这种现象极其典型地反映出‘企业家雇佣资本’的性质。我们的考察表明，经济金融化的持续深化和现代资本市场的高度发展，为‘企业家雇佣资本’的新格局提供了广阔的发展空间。”

CHAPTER 2

2 第二章

何为“集团经济”

2

CHAPTER 2

让我们回到对“集团经济”本身特征的探讨。在大众认知里，企业集团无非是一类“复杂化”了的企业组织，往往由于业务多元、经营跨域、风险隔离等因素推动了企业组织进行裂变，形成了多法人主体联合、母/子公司化治理、多层级管控为共性特征的集团型组织。

然而，我需要重点提示的是：要想更系统、更深刻地理解企业集团的功能特征和运行机理，仅仅从组织管理的视角来研究是远远不够的，而更应该立足经济学的角度去探讨与思考，或许我们可以获得更多全新的认知，甚至可能颠覆很多传统的谬误。

ONE 一

企业仅仅是个“微观经济质点”吗

在传统经济学框架里，企业往往被视为一类微观经济体，只是市场的一类组成单元，在探讨市场的运作机理和宏观经济规律时，企业常常被视为一个“质点”。企业内部的问题则被归为“管理学”的范畴，甚至被简化为“战略—组织—人”围绕“供—研—产—销”价值链的一套线性逻辑。

然而，当一个企业开始迈入集团化的进程后，将逐步演化为一个复杂系统。这要求我们不能再将企业集团视为一个微观的组织“质点”，而应该将其定义为一类相对独立的“复杂经济体”去研究。

也许有人会有这样的疑问：在管理学范畴里，学术界不乏针对“企业集团管理”各类问题的研究；在管理咨询界，“集团管控”类的咨询服务产品也日臻成熟；在企业界，诸多创立或操盘过卓越企业帝国的明星企业家们正通过自传或各类媒体传播他们的经营哲学和管理思想……相关知识已如此丰富，我们又为何要引入“集团经济”的概念呢?

我们以集团型企业的决策场景来举例说明。

一方面，由于集团内部存在多个相对独立的决策主体（子公司或事业部），且母公司对不同主体的利益权重（可简化理解为所占的股份）和决策影响力（可简化理解为所占的董事会席位）不同，如何博弈出一个整体利益最大化的决策？这无疑是个难题。

另一方面，纵使母公司对各权属单位有着绝对可靠的控制力，但要想做出一个最优决策依然困难重重。因为其需要考量和平衡的相关因素很复杂，甚至彼此互斥，例如在涉及多投资组合、多产业组合、多资源布局、各业务板块差异化发展定位和目标等战略问题上就面临诸多需要平衡的“矛盾”：短期与长期、目标与能力、做大与做强、空间与时间、稳健与激进、长与短、重与轻、刚与柔、自然经济与“人造经济”、战略收益与财务收益……如何同时驾驭这么多对矛盾，如何把握好精微的度，对于每一位集团企业的“大老板”而言，都无疑是一道“哥德巴赫猜想”。直到我开始从事战略和管理咨询工作，越来越多地近距离接触和观察那些大型企业集团的掌舵人时，则愈发开始理解多年前张瑞敏先生的那句经典语录——“永远战战兢兢，永远如履薄冰”之内涵。

企业家是一系列复杂决策的最终拍板者，以及一旦决策失败的最终责任人[①]，我们常常能够“事后诸葛亮”式地总结出失败决策的原因，却往往无法清晰地解释成功企业家不断作出英明决策背后的科学逻辑。由于不能钻进这些企业家的大脑中去完整还原决策的过程，我们只能将其归因于企业家超人的天赋与直觉、玄而又玄的哲学思考与平衡艺术，甚至简单粗暴地认为就是附着在企业家身上的某种运气。

可是，当一个企业集团已经开始复杂到超越一个企业家个人智慧、精力和驾驭能力的时候，它需要一个强大的参谋部门，甚至一个庞大的管理总部去辅助决策。这又带来了新的问题：这些按照不同专业职能组合而成的参谋机构（背后更是不同专业、不同经验背景、不

① 为更好地说明问题，我们忽略掉企业治理语境下的决策程序。

同价值和风险偏好，甚至信奉不同管理流派和方法论的参谋人员）又该通过什么样的统一分析框架和逻辑，打通不同专业术语间的沟通障碍并凝心聚力帮助企业家形成一套最优决策呢?

对于一个企业集团的运行系统而言，“决策”只是其中的一个环节，我们还没有进一步深入探讨集团内不同单位的动态运行、内部交易、资源争夺、利益冲突、激励差异、风险控制等所引发的更多剪不断、理还乱的复杂问题。

这些问题当然也同样让管理学研究者头痛不已。

研究者开始逐渐意识到将企业管理系统拆解为不同职能（例如投资、财务、人事、采购、生产、营销等）的“还原论”方法越来越无法解决复杂组织问题，他们开始求助于“整体论”的哲学思想，即试图站在系统的全局视角，更加注重对各组成要素之间的关系结构进行研究。为了更好地梳理和解释复杂组织里的复杂关系，学者开始采取借用平行或相近的其他学科成果进行交叉研究的做法，例如引入社会学、心理学、物理学及复杂科学等来研究企业管理问题。

上述研究方法无疑是有益的，并且大大推进了企业管理学研究的深入，企业管理学也越发演变为一个具有多元特征的交叉学科。不过，伴生的负面影响也是较为明显的。实践中，由于企业管理者往往无法深度涉猎多类学科领域，所以当面对爆炸式的新概念、新学说时，常常会不知所措，甚至被误导，这会进一步导致企业家和管理者在决策和实施管理行为时注意力“失焦”，进而造成动作变形和紊乱。

因此我建议对企业集团的研究重新聚焦于其作为经济体的本质属性，用经济学的基本逻辑来解释企业集团的运行规律，并指导集团体系的构建与优化。

我最早提出“集团经济”概念并建议将其作为“中观经济体”时，原生思想并非基于学术研究，而是来源于我长期为大中型乃至巨型企业集团提供战略和管理咨询实践中的一个朴素认知和灵感涌现。我们像刘慈欣的科幻巨著《三体》中“三体人”解剖一个质子一般将企业集团从一个研究“质点”层层展开为多维体系，并运用经济学的视角和思维去理解其生态定位、行为规律和系统演化时，很多眼前的问题和未来的挑战可以获得更加有效或更加“治本”的解决方案。并且，基于这种认知所设计出的咨询方案也切实为我们客户的可持续增长或升级转型带来效果明显的指导和推动作用。

当从基于实践认知转向求助于理论解释时，我发现其实早在20世纪80年代，就有学者注意到企业内部日益复杂的经济活动，今井贤一、伊丹敬之和小池和男所著的《内部组织的经济学》[①]是对传统企业理论的创新，将企业“黑箱”打开，用经济学的思维和理论阐释其内在活动的经济学原理，并具体就代理关系、内部劳动市场、内部组织和资本交易、内部组织和产业组织进行了经济学解释。

今井贤一等人在考察了日本和美国的企业在集团化后得出这样的结论：在研究企业内部组织和市场关系的时候不能完全采取二元对立的视角，二者也并不是非黑即白的相互替代关系，在企业和市场中间的“灰色地带”事实上存在着一类所谓的“中间组织”，如果这种“中间组织”既可防范市场失灵，又可防范内部组织的失败，而且还可以利用这两者的长处，那么它就可以成为企业集团的基本组织形式了。换言之，企业集团内部既有组织行为，又会杂糅着市场行为。

---

① 今井贤一、伊丹敬之、小池和男：《内部组织的经济学》，金洪云译，北京，生活·读书·新知三联书店，2004年。

其实我们观察今天的大型集团组织，这样的特征依然十分明显。例如集团各成员单位之间存在着兼具组织化和市场化特征的资本交易、产品交易、人员流动等行为。当然，集团决策者需要伤脑筋的是如何确保这种“中间地带”各种活动的经济性，即整体效率与整体风险的平衡。

事实上，从今天的实践来看，企业集团不仅仅可以对一部分市场行为进行动态替代，还可能动态替代一部分政府行为。随着企业集团经济的崛起，甚至可能会颠覆经济学中关于政府与市场关系这一经典命题的传统认知。

TWO 二

我们该如何定义集团经济

企业集团作为一类经济组织，在大多数时段和场景下依然会吻合传统经济学关于“理性经济人”或“有限理性经济人”的基本假设和特征，当然也会持续呈现其作为“生产函数”或“市场交易替代者”的功能和属性。

然而，站在人类发展和人类社会大历史观的角度来审视企业集团这类组织，我们可以看到其存在和发展的历史意义。

从内涵上看，企业集团本质上是一组人类生产关系和生产活动的集合体，它是在人类进入工业时代中后期、生产力水平高度发达时代的产物。在科技和生产工具的进步及资本的驱动下，外延式扩张成为企业重要的发展形式。

19 世纪末到 20 世纪初率先在美国和西欧国家出现的“卡特尔”“辛迪加”“托拉斯”“康采恩”等企业横向或纵向联合的组织是企业集团的雏形。当然在历史上，这些组织名称往往也被冠以垄断资本主义罪恶的代名词。

20 世纪 70 年代的经济高速成长时期，日本企业通过投资创建、兼并、投资控股与参股，以及建立长期协作关系等方式获得很大发展，形成一批新兴的、以工业制造领域为主的企业集团，被称为“工业系企业集团”或“锥型企业集团”，如丰田、东芝、索尼、三洋等。日本企业集团往往被视为东方企业集团的代表，并成为我们研究集团经济的重要对象。

中国企业集团出现在20世纪80年代，并于2000年后快速发展，如今已成为国民经济的骨干力量和国际竞争的主力军，对我国的经济发展起到了重要作用。随着万物互联、大数据、人工智能时代（*生产力的进步*）的来临，企业集团的组织功能和形态（*生产关系*）也发生了很大变化。

我们可以看到，马克思、恩格斯的理论确实具有跨时代的解释力，如下关于生产力和生产关系的描述值得我们反复回味[①]。

① 人们为了生活就需要进行生产。生产是社会生产，包括生产力和社会生产关系，前者是"自然关系"，后者是"社会关系"。

② 社会生产关系并不是永恒的，而是发展变化的，因为生产力是不断发展变化的。

③ 生产力决定着生产关系。生产力是内容，生产关系是生产力的社会形式。因此，生产关系一定要与一定历史阶段的生产力状况相适应、相适合，这是社会历史发展的规律。

④ 生产力总是在一定的生产关系中运动和发展的，发展到一定阶段便与生产关系发生矛盾，原有的生产关系由生产力发展的形式变为生产力发展的桎梏，就会产生革命性变革，由适应生产力发展的新生产关系取代旧的生产关系。

借用马克思、恩格斯的理论逻辑，我给"集团经济"下了一个基本定义：**集团经济是指主导企业**（*母公司*）**在其综合控制力范围内**（*不局限在股权范畴*）**，通过一套独特的价值哲学、理念、模式和**

① 卫兴华：《科学把握生产力与生产关系研究中的唯物史观——兼评"生产关系决定生产力论"和"唯生产力标准论"》，载《清华政治经济学报》，2014年第2卷。

逻辑，基于整体“一致性”原则，主动构建的与其目标生产力水平相适应的生产关系及生产活动的总和。

集团经济的实现方式和目的：通过整体“一致性”原则，多维度地设计结构与关系、大规模地组织人力与物力、大范围地调动资源、高效率地实现协同，实现该集团最优态的价值创造与转化效能，并最终从整体上持续表达高于外部市场交易效率或高于政府资源配置效率的内部多层次组织效率，推动集团边界的动态演变并实现跨周期可持续发展。

请留意我对“集团经济”定义描述的最后一句的含义：集团生产关系和生产活动不是被动适应现有的生产力水平，也非生产关系成为生产力发展桎梏之时的被动反应，而应是瞄向未来“生产力目标”进行的一系列“主动性构建”。

THREE 三

新的基本假设

当把企业集团“升格”至中观维度，关于集团型企业的基本假设问题应成为后续讨论的起点。

从古典经济学开始，经典西方微观经济学是以“经济人”的假设为基本前提，它所探讨的一切都是为了满足“经济人”对利润最大化的追求。传统视角下，作为微观经济体的企业，其经营的目标也是追求最大化的利润，以此来分析市场作为一只“看不见的手”是如何自由调节而实现资源配置最优化的。后继的很多经济学研究基本是在这一基础之上的优化和改良，例如认为企业决策不是完全理性而是有限理性的；将企业短期对利润的追求升格为长期对价值的追求等。相对应的，宏观经济学则假定市场机制是不完善的，政府有能力调节经济，通过“看得见的手”纠正市场机制的缺陷。

后来，美国行为科学家乔治·埃尔顿·梅奥通过主持霍桑实验发现：人们从事工作的主要目的不仅是经济利益，还有社会方面的要求，例如工作中与周围人的和睦相处，获得安全感、归属感等方面的满足，于是便提出了“社会人”的假定[①]。

“社会人”假定是“人际关系理论”的一个基本出发点，对于解

① 一般认为“社会人”的假定是对“经济人”假定的一种否定，然而事实上其应该具有二者融合的双重属性。

释现代企业的诸多管理问题非常有帮助。事实上，我们看到企业也具有“社会人”的属性和特征，例如很多企业除了注重获取利润之外，也重视公共慈善、员工关怀等。所以，“社会经济人”似乎可以更加准确地描述企业的根本性质。

然而当企业集团成长为微观经济和宏观经济之间的中观经济主体时，关于企业集团（可更加具象为企业集团的母公司或管理总部）的假设也应该被重新界定。

前文中我们介绍过，今井贤一等学者意识到了企业集团具有“中间组织”的特征，即在企业和市场中间的“灰色地带”通过有效调节以达成“既可防范市场失灵，又可防范内部组织失败”的功能。但从我提出的分析坐标（前文图1）来看，这一描述显然是不完整的。因为企业集团（母公司或管理总部）不仅仅需要调节权属企业与市场，还需要调节权属企业与政府、与区域经济发展/产业经济发展之间的关系。换言之，企业集团的母公司或管理总部在特定场景下，不仅仅需要替代一部分市场功能，可能还会替代一部分政府宏观调控、产业资源配置和区域公共职能等功能。

故在这一框架下，“经济人”假设虽然是企业集团作为“企业”与非营利组织之间的显著区别，但是不足以完整描述其基本特征。并且企业集团的多边界面（与市场、与政府、与社会……）和复杂行为特征也非“社会经济人”能够完全包含的。所以我提出将“生态经济人”作为解释企业集团行为的基本假设。

随着规模、边界和影响力的逐步提升，企业集团也将逐步超脱被动的、应激性的经济行为特征，自主意识开始觉醒，具有越来越强大的主观发展意志，并将这种意志作用于对所处产业生态、区域生态的反向影响和改造上。故而，企业集团的治理将不再限于集团内部，也不再限于股权控制范畴，而是依托综合影响力来扩张其治理边界——企业集团（总部）跃升为“生态治理者”的角色。

由于企业集团主观意志和角色功能的变化将带来其生态位的改变，进一步改变其与外部更大生态参与者之间的界面和关系，有可能会互动和博弈出一套新的生态规则。

同时，宏观经济生态的治理者（国家政府或更高生态位的企业集团）也需要紧密跟踪这些动态的变化，不断通过各类综合手段合理引导、调节、消解或阻遏这些变化，以确保宏观经济生态系统的平衡稳定与可持续发展。

FOUR 四

“效率与公平”问题的新挑战

效率与公平，这是经济学研究的基础命题之一。直觉上，效率与公平类似鱼和熊掌的关系，二者不可兼得。如果选择了效率，就必然牺牲公平；同样，如果选择了公平，就必然会失去效率。果真如此吗？或者可以这样问：失去公平的效率是否是可持续的？

关于效率与公平的关系，边立新教授有过一段精彩的阐述[①]：一般而言，效率就是人的活动所达到的目的和从事这种活动所运用的手段之间的比例关系。人类最基本的活动是生产活动，因此，我们所说的效率主要是指生产活动的效率。具体地说，效率就是人的生产活动的产出与投入之间的比例关系。成本不变，产出越大，效率越高；同样，产出不变，成本越低，效率越高。可见，效率不单纯是一个产出的问题，同时也是一个投入的问题，即合理地调节人与自然之间的物质变换，“靠消耗最小的力量在最无愧于和最适合于他们的人类本性的条件下进行这种物质变换（《马克思恩格斯全集》第 25 卷，第 927 页）”。提高生产效率，就是以尽可能小的投入获得尽可能大的产出，即提高资源配置的效率。这就需要激活各种生产要素，归根结底，就是最大限度地激发各种生产要素所有者的潜能，充分地调动各种生产要素所有者的积极性、主动性和创造性。而要做到这一点，就

① 边立新：《论效率与公平》，载《光明日报》，2007-06-26。

必须诉诸公平。

基于上述观点，效率与公平分别决定产出与投入，二者是一个完整生产过程中不可分割的逻辑整体。故而效率和公平应该是一种相互依赖、对立统一的辩证关系。然而在实际运行中，要想平衡好效率与公平却不是一件容易的事。

认知方面，由于企业发展是一个从小到大、从简单到复杂的过程，当企业自身规模较小、实力较弱时，效率问题自然是其生存发展的主要矛盾，这一时段企业不太需要或无暇考虑所谓的公平问题，至多考虑公平的内部性即可（主要表现为内部管理和激励）；至于公平的外部性常常是被忽略的，甚至企业可能会主动逃避监管部门对其公平性上的要求。哪怕很多企业已经发展壮大为大型集团组织，但真正的公平意识和重要性并未在企业中完全树立，这一点从企业的战略和经营考核指标维度上可见一斑。

然而若从体系设计的角度看，由于杂糅了内部与外部、时间与空间等诸多影响因素，效率与公平的体系和机制设计变得更加复杂且困难。

当一家企业尚处于单体阶段，内部价值链相对单一且简单，其可被视为市场经济活动中的一个微观“质点”，那么我们基本上只需要讨论其效率问题，而公平的问题则更多地交给市场的调节者，例如政府。但当企业开始集团化后，其内部的经济活动开始变得愈加丰富且复杂，例如存在多条既独立又相融的价值链，存在多个在集团整体战略下发挥差异化功能和发展导向作用的组织单位，存在发展生命周期和管理成熟度各不相关的多元业务，或存在具有一定竞合关系的多个同类业务等；并且集团内部逐渐蜕变出一个脱离具体业务经营且主要负责资源统一分配调度的、扮演集团内部公平环境营造者和仲裁者角色的管理总部/母公司，母公司与子公司之间的利益矛盾和统一问题愈加突出……显然，在这种局面下，兼顾好集团内部经济生态的效率与公平已成为一个极具挑战性的难题。

若一家企业崛起为大型乃至巨型集团，不论它愿不愿意，作为其所在产业链的链主或所在区域的经济龙头，都不得不考虑并处理好内部的效率与公平问题，甚至直接决定了这家企业能否持续从外部获得发展资源和增长动能，以及避免系统性风险的冲击并获得更强的发展安全性（例如政府反垄断或经济政策调整带来的打击）。而从操作层面看，这不仅仅体现为企业的各类慈善行为，更重要的是，企业集团能否将自身的经济行为和外部环境（例如区域繁荣、产业健康、民众福祉、国家战略）之间构建起一个良性互动、共生共荣的耦合关系——这本身就是一家有使命感和事业雄心的企业集团必须从顶层战略到企业文化并最终落脚到组织经营和管理机制的“一致性”设计要求，需要完整的思考与共识，以及体系性的构建。

总之，效率与公平是一个天然的宏观和中观层面的重大命题，不仅仅对于经济学而言，而广泛影响到政治学、法学、伦理学、社会学乃至哲学等学科理论的发展。在经济学层面，效率与公平命题起源于西方资本主义制度，但在中国社会主义市场经济体制下，更加凸显其重要意义和地位。

这正是我将效率与公平作为集团经济的一个基础命题展开讨论的原因。后文将分别从集团经济的外部性与内部性两个维度的统一性出发，围绕“效率”与“公平”进一步探讨企业集团作为一类“中观经济体”的“生态经济人”特征。

CHAPTER 3

3 第三章

中国式现代化经济体系与集团经济的外部性

3

CHAPTER 3

本书创新性地提出了将“集团经济”置于“中观经济”维度进行定位和研究的主张，由此提出了中国经济体系深化改革、精准发力的新思路，这些都是“中国式现代化”语境下的创新思考。

在中国式现代化的经济体制环境下，孕育出的中国式企业集团也必然体现出与西方企业集团不同的集团经济特征。探讨这一问题的重大意义在于：充分发挥好中国式企业集团的经济正外部性功能，是改善政府与市场运行摩擦、推动区域经济发展模式和现代产业体系升级的重要抓手！

ONE 一
发展经济学中的中国样本

1.“有效市场 + 有为政府”的历史进步性

发展经济学是经济学的一个重要分支，主要研究贫困落后的农业国家或发展中国家如何实现工业化并摆脱贫困。通过研究发达国家的成功经验，我们已经看到一条清晰的发展路径，即工业化与城市化。

200 多年前，率先开启工业革命的先发国家通过原始的资本积累迅速崛起，并通过持续的技术和产业结构升级，从低附加值的农业不断向附加值更高的制造业发展，然后逐渐向服务业不断转型升级，从而提高了劳动生产率。与此同时，工业化的发展需求带来大量劳动力的聚集，由此同步开启了城市化进程，进而通过持续改善城市基础设施及改革相关制度，促进了产业的集聚效应，进一步反过来抬升了这些先发国家的产业竞争优势。可见，现代的经济增长实际上是一个技术、产业、基础设施和各种制度结构不断转型升级的过程。

然而从 18 世纪的工业革命以来，世界上只有少数国家完成了上述的经济结构转型。那么中国作为一个后发国家，是如何通过近几十年的时间迅速“逆袭”并后来居上的呢?

2021 年 12 月 19 日，于北京大学举办的第六届国家发展论坛南南合作与发展学院分论坛上，林毅夫教授现场发表的以《从比较优势到竞争优势，全球后疫情时代的工业化未来》为主题的英文演讲中对这一进程进行了理论层面的阐述：“我们现在保有的资本禀赋来自过去的经济盈余积累。如果想成功地转变禀赋结构，使得资本从相对短缺变成相对丰富，就需要有一种生产结构来确保国家能产生最大的经济盈余。这实际上是要求一个国家根据当前的发展要素禀赋结构决定具有比较优势的产业和技术，并使其变成市场中具有竞争优势的产业和技术。如果一个国家的要素禀赋结构的特点是劳动力丰富，那么就要发展劳动密集型产业，并消除限制发展的基础设施和制度安排的瓶颈，将其转化为在市场中的竞争优势，从而创造一个巨大的经济盈余来快速积累资本。在这个过程中，如果企业根据比较优势来选择产业和技术，那么就要有一个能够反映各种要素相对稀缺的价格信号来引导企业了解什么类型的产业和技术具有比较优势？什么样的产业和技术可以带来最大的利润？这种价格信号只有在竞争性的市场中才能获得。但同时，政府的作用也是必不可少的。现代经济增长是结构转型的过程，为了从农业经济转型到工业经济，需要改善基础设施，也需要改革制度，而用经济学术语来说，这些改进有各种市场失灵。单个企业、单个企业家无法解决这些问题，需要政府来帮助他们。政府的作用对于经济结构转型而言非常重要，但我们也需要了解政府能够使用的资源是有限的。在这种情况下，政府需要战略性地使用这些有限的资源，瞄准那些具有比较优势，特别是有潜在比较优势的产业。这样就可以迅速将潜在的比较优势转化为竞争优势，政府需要战略性地使用有限的资源以对结构的快速和可持续转型发挥最大的影响。政府不能对各种需要面面俱到地提供一切帮助，要做出的选择是使某些具有潜在比较优势的产业变为具有真正比较优势的产业，并让其产品在国内外市场具有竞争力。”

正是依托上述逻辑，中国迅速抓住了 20 世纪 80 年代开启的第三次全球产业转移浪潮机遇，一举崛起为“世界工厂”。在“强政府 + 强市场”的双强结构下，中国已经构建起了一个节奏清晰（五年规划）、垂直贯穿（省、市、县、乡）的超大尺度“经济耦合体（见图 3-1）”。

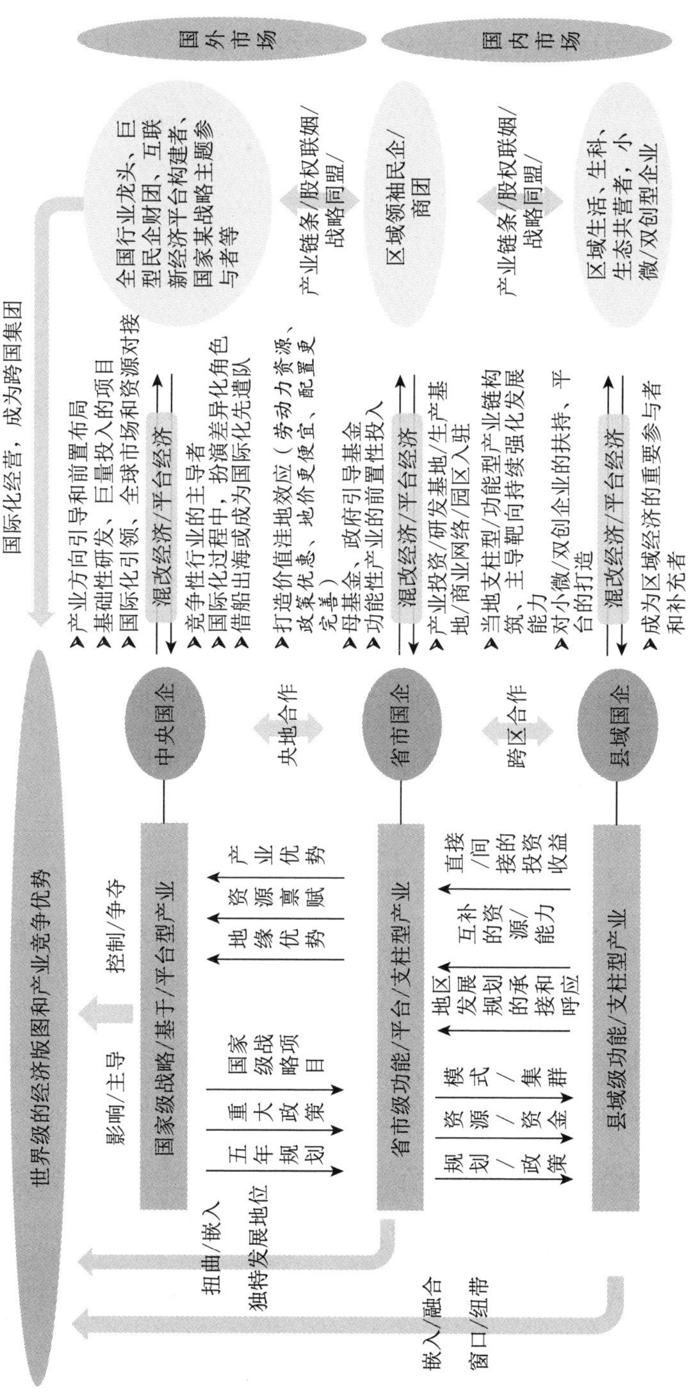

图 3-1 中国的超大尺度“经济耦合体”

在这种“经济耦合体”下，所有产业参与者和相关要素都主动基于一个自上而下的主导性规则和周期节奏来运行（不仅仅是国有企业，相当数量的民营企业也会主动根据国家五年规划的节奏来滚动制定发展战略），并彼此链接成一个有机、有序的生态系统，简言之：统一方向下各自寻找定位和发展机会。

中国中央政府作为宏观经济规划与政策的制定者和调控者，通过区域规划、产业规划、行政指令和各项大政方针向下贯彻国家战略意志、分解目标，并进一步通过各级条线主管单位、政府部门和大型企业集团（既包括各级国有企业，又包括广大民营企业）进一步链接和打通与各微观经济体的联系，最终按照市场经济的机制与逻辑达成经济发展目标，并最终实现人民富裕和国家富强。

中国式经济体制的好处之一便是有利于最大限度地建立大尺度（从中央到地方）、长周期（从滚动的五年规划到长期愿景）的确定化目标和预期，最大限度减少或抵消不确定性的影响，最大限度规避自由市场经济模式下市场机制失灵所造成的周期性恶性连锁反应。这也是为什么从20世纪90年代以来，中国能够成功地规避几次世界性的经济危机，并保持较为快速且平稳的经济增长的根本原因之一。

2. 愈发不可忽视的市场与政府间的现实经济摩擦力

长期以来，中国区域经济的主导者是地方政府。虽然我们一直强调要构建“有效市场 + 有为政府”的双强结构，两手抓、两手都要硬，不可偏废。但不可否认的是，在改革开放初期，推动中国这艘“巨轮”调转船头的初始决定力量是政府，在整个改革开放的大部分进程中，政府都扮演着更加积极的主动角色。

一方面，地方政府要在区域发展规划上承接国家战略意志、落实各项政策和重大战略工程；另一方面，地方政府从结构和职能上承接中央政府，并利用中央政府授予的公共性和强制力推动本地区市场秩序的建立和维持，保护和促进市场主体之间公平、自愿的交易，提高整个社会的产出和收益。这是陈云贤等在所著《中观经济学》一书中论述的地方政府“准国家”的角色。在该书中，作者还阐释了地方政府的另一重特征：准企业，即讨论了政府在资源配置方式、政府间竞争机制、政府行为、政府内部管理职能的履行等方面与企业的相似性。

由于工作原因，我切实感受到中国发达地区的地方政府无论对市场经济的理解，还是政府内部的决策和运行效率都是比较高的。应该说，这些发达地区所取得的发展成就中一半应归功于当地政府和历任具有企业家精神的政府官员。

然而，若从地区长期可持续发展的要求来看，上面的做法并不是一个终极解决方案。问题的关键还在于政府与市场的界面，一个“准”字虽然可以大体解释中国地方政府独特的双重角色，但是在各级政府实际运作上分寸感拿捏难度很大，一不小心就会越界或失控。

虽然在改革开放的发动期，通过调动地方政府对发展经济的积极性使得中国这艘“巨轮”能够迅速重启[①]，但是当中国经济总体由高速增长阶段向高质量发展阶段转型时，政府所谓“准企业”的角色也越加明显地从“动力”变成了“摩擦力”，甚至“阻力”。

例如，长期以来地方政府通过各类投融资平台公司（常见的几大“投”）与国有银行联手，进行举债式发展，在一定程度上激活了

① 这又是一幅鸿篇巨制的画卷，内含着复杂的动因和丰富的实践，对这段历史进程背后演进逻辑感兴趣的读者，推荐阅读兰小欢博士的《置身事内——中国政府与经济发展》。

土地等要素资源的使用效率，大大提升或改善了基础设施建设，并通过房地产行业的繁荣为当地政府财政收入的增长做出了重要贡献，但同时也让越来越多的地方政府背上了沉重的债务负担。当整体经济增速放缓，房地产行业下行，原本被经济高速发展所掩盖的一系列问题就开始一一显现。虽然一些具有远见的地方政府已在若干年前就启动转型，并抓住窗口期迅速构建了新的产业动能，但转型缓慢、增长失速、动能踏空的问题还是在一些地区逐渐呈现。

政府的"准企业"角色已基本完成其阶段性的历史使命，长期而言不具备经济意义上的持续合理性。这不仅仅是政府官员的履职周期和产业与市场周期之间的不匹配所造成的一系列问题，更重要的是政府的"准企业"功能从经济学意义上是没有前途的。虽然人们津津乐道于一些地方政府官员的勤勉高效和企业家精神，但其并非真正意义上的企业家。更为重要的是，当区域经济的发展从依靠土地和资本转为依靠产业经营时，一个更大的问题就凸显出来：行政体系内是无法大规模发育和培养批量的职业经理人队伍的，这只能在市场经济的体制机制和现代企业治理体系下才能做到。政府的"准企业"角色越强，则越不利于公平竞争的市场环境的营造。故而政府应尽快放弃"裁判员"与"运动员"的合一身份，专注于扮演好"公平执剑人"的角色，建设市场公平竞争的各项制度，引导市场的良性发展，监督市场的规范运行，坚决惩治恶意破坏市场规则的行为，让市场"无形的手"扬善避恶。

要做到上述目标，关键就是要大力深化改革政府的角色和功能，并由此重构政府与市场的经济关系和运行机制。

TWO 二

如何改革市场与政府的界面和关系

1. 从“双强”走向“三强”

大国竞争本质上是生产力水平的竞争，背后则是看谁的生产关系更能够适应新生产力的要求，并能够更高效地推动生产力的革命与进步。中国改革开放实现快速崛起的核心逻辑是通过庞大的廉价劳动力资源承接先发经济体转移过来的制造业，同时庞大的外需加上中国广阔的市场空间和差异化的地域禀赋，进一步放大工业制造的分工优势和供应链的效率优势，产业的规模优势又反过来刺激市场体量的放大，二者形成了相互强化的正反馈效应。在这一伟大进程中，“双强”模式（强市场 + 强政府）发挥了决定性的作用，让中国紧紧抓住这一轮全球产业大分工机遇期，实现长期快速发展，后来者居上。

然而近年来，上述的模式红利正在快速消退，根本痛点是中国产业竞争力从规模优势迈向质量优势的过程中，在关键环节被“卡了脖子”，尤其是核心科技领域。作为追赶型的后发国家，中国正力图通过“新型举国体制”来加快“关键核心技术攻关”的核心任务进程。

2022 年 9 月，中央全面深化改革委员会第二十七次会议审议通过《关于健全社会主义市场经济条件下关键核心技术攻关新型举国体制的意见》。会议指出，“新型举国体制”是指面向国家重大需求，瞄准关键核心技术和“卡脖子”领域，发挥市场在资源配置中的决定性作用，更好发挥政府作用，强化责任落实机制，用好庞大的国内市场需求，凝聚和集成国家战略科技力量、社会资源共同攻克重大科技难题的组织模式和运行机制。要推动有效市场和有为政府更好结合，强化企业技术创新主体地位。

其实在中国宏观经济发展框架中，亦应该越来越重视“强企业（**集团**）”的作用，并从“双强”博弈结构走向“强政府＋强企业＋强市场”的“三强”动态均衡结构（**有为政府＋有力集团＋有效市场**），如图 3-2 所示。

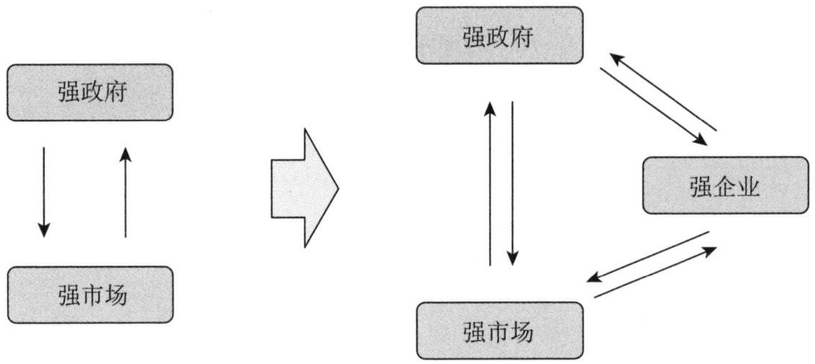

图 3-2　从“双强”博弈结构走向“三强”动态均衡结构

事实上，现实中“双强”均势较难形成，博弈的结果往往是一方更强而一方较弱，导致整体态势容易忽左忽右。因此我给出的解决思路是：在经济系统中再引入一类强主体——强企业，构成“三强”动态结构和运行关系。

在新结构中，需要同步改革政府角色，真正从“生产型政府”转向“服务型政府”，把中观维度的经济驱动交给企业——尤其是具有较大规模经济或范围经济效应的企业集团。

如今，随着企业集团组织的实力与能量越来越大，其在人类总体经济活动中的影响力和地位也越来越突出，甚至可以依托一些超级强大的企业集团组织率先实施超越现有生产关系的革新，以此来“靶向孕育”和催生生产力的革命。

近年来，我们都切身经历着日新月异的互联网革命，随着移动互联网技术颠覆传统的经销网络，互（物）联网正在全面向工业制造端渗透（即工业互联网），并将进一步拓展为产业互联网、城市互联网。从国内来看，一方面是以腾讯、阿里巴巴为代表的新兴互联网巨头不断向产业链上游进发，另一方面则是以华为、海尔、三一等为代表的实体制造集团通过全面嫁接互联网相关技术并重构自身组织模式和上下游交易关系实施转型，本质上都是在不断改革生产关系以适应生产力的进步。

2. 国资国企改革究竟在改什么

从 2013 年开始的新一轮国资国企改革，本质上是在改革市场与政府的界面与关系。

在中国，国有企业一方面是中国社会主义市场经济的特色代表，另一方面，国有企业是国家和政府功能的延伸。虽然国有企业有运行低效等问题，但在不少方面发挥着独特的经济作用，例如政府完全能控制的国有企业具有反经济周期调节的作用。当世界经济不景气时，国有企业的产品销路受到影响，甚至有停业的可能，此时如果按一般经济规律让一些有发展潜力但困于外部经济环境的企业破产，那么损失就会很大。如果让这样的国有企业维持最低限度的生产，不但可以规避企业破产带来的损失，而且可以减少失业，减少人力资本损失。

政府不但可以让这样的国有企业维持生产，而且可以对其基础设施进行投资改造，更新一些设备和技术，为经济复苏做好充分的准备。这样，一方面可以产生投资乘数效应，提振经济；另一方面也为经济复苏赢得了时间，可以抢占先机。如果不是国有企业而是非国有企业，那么政府这样操作的空间就十分有限[①]。

所以国有企业改革长期以来的一个重大命题就是围绕如何提升组织运行效率的问题展开，并希望以此为抓手，在确保国有企业承担政府职能的基础上努力保证自身作为“企业”的经济性。

可是，中国宏观经济的长期繁荣不能仅仅靠作为“压舱石”的国有企业，而更应依靠数量众多、高度活跃的民营经济体[②]。从这个层面看，很多弊端就比较凸显了。例如有的政府通过国有企业实施了过度的市场替代动作，扰乱了市场秩序或造成了不公平竞争，损害了民营企业的利益和积极性等。

所以，从2013年开始，改革的重点不单单针对国有企业，还针对国资监管部门（及政府）。在这轮改革中的一个亮点是在国资委和产业类国有企业中间设立了一类新的公司组织，即国有资本投资公司和国有资本运营公司，俗称“两类公司”，这主要是参考了新加坡国有企业改革的淡马锡模式等成功做法。

淡马锡成立于1974年，是一家总部位于新加坡的投资公司。公司在全球共有12个办事处，截至2022年3月31日，淡

① 程承坪、程鹏：《国有企业性质：市场与政府的双重替代物》，载《当代经济研究》，2013年第1期26–31，91。

② 国家发展和改革委员会前主任何立峰曾指出，民营经济在我国经济发展中占有非常重要的地位，正在发挥非常重要的作用。有一种“56789”的说法：民营经济贡献了中国经济50%以上的税收、60%以上的GDP、70%以上的技术创新成果、80%以上的城镇劳动就业，还有90%以上的企业数量，这从一个侧面说明，民营经济在我国经济发展当中的地位和作用是非常突出的。

马锡拥有总值 4030 亿新元的投资组合，涵盖广泛的行业领域，如金融服务，电信、媒体与科技，消费与房地产，交通与工业，以及生命科学与农业食品等，超过 75% 的投资分布在海外，主要在中国、美洲、欧洲、非洲等。自 1974 年成立以来，淡马锡的复合年化股东总回报率以新元计算为 14%[①]。

淡马锡的主要职责是履行“商业公司的所有者责任”，进行各类国有资本的资产运营、管理及监督。新加坡通过淡马锡这样一个法律上的企业来实施所有权和经营权的分离，仅仅利用企业董事会来使下属国有企业遵循市场化原则并以股东利润最大化为经营目标。淡马锡模式对政府与国有企业起到了很好的隔离作用，防止了政府主导的国家利益和国有企业商业利益的冲突，提高了国有资本的运营效率，使其在与他国改革模式对比时能够脱颖而出[②]。

截至 2021 年年底，中央和地方国资系统总计成立或改组了超过 150 家“两类公司”，其中中央企业层面 21 家（2 家国有资本运营公司，19 家国有资本投资公司），占 96 家中央企业集团总数的约 22%；地方层面约 150 家，占 1300 余家省市属国有企业集团总数的 12% 左右。

由此形成了国资监管机构—“两类公司”—国有企业的三层结构，其中“两类公司”的改革是“牛鼻子”问题。这样的三层框架的目的是实现国有资本所有权与企业经营权的分离，实现国有资本市场化运作。由“两类公司”以管资本的方式管理企业，不再是政府部门直接管理企业，从而有利于企业市场化主体地位的确立，有利于企业自主经营、提升效益和效率。

---

① 数据来源于淡马锡官网 https://www.temasek.com.sg/zh/index。

② 刘笑彤、莫言：《我国国企改革的内在必然性、国际经验与发展方向》，载《中国物价》，2020.9。

之后在三层框架下进一步明确各自的功能与职责。第一，国资委统一履行经营性国有资产监管职能，一般情况下可概括为“4+1”，即国有经济战略布局和规划、国有资产政策规则制定、维护国有资产运行安全、国有资产与国有资本的经营预算与评估考核，以及出资人代表投资运营公司董事长的确定。第二，“两类公司”直接履行出资人职责，即自身不从事具体生产经营活动，不干预所持股企业日常生产经营。公司通过管资本的方式实现对所持股企业的管理，以出资额为限承担有限责任。“两类公司”主要有三项大权：国有资本的战略投资权、人事任免权和收益分红权，经营权放给企业。实体企业是经营者角色，根据分类定位发挥好各自在市场竞争、重大专项承接、公共服务等方面的职能，以及国有资产保值增值的目标任务。第三，对于国有实体企业进行功能界定与分类改革，这既是国有企业改革“1+N”政策体系的重要基础和举措，又是当前深化国有企业改革的逻辑起点。近年来，中央企业集团层面和子企业按照商业一类、商业二类和公益类三个类别全面完成功能界定与分类。根据国务院国有企业改革领导小组办公室副主任、国务院国资委前副主任翁杰明的阐释[①]：商业一类企业处于市场竞争最充分的行业和领域，要提升资本回报、质量效益，率先全面落实市场化改革的各项举措。例如，符合条件的企业要加快推行职业经理人制度；灵活开展股权激励、分红激励等中长期激励；积极稳妥推进子企业混改，对符合条件的国有相对控股混合所有制企业实施更加市场化的差异化管控。商业二类企业是指主业处于关系国家安全、国民经济命脉的重要行业和关键领域，以及主要承担重大专项任务的商业类国有企业。这类企业要聚焦重要

① 王希：《深化国有企业分类改革 国资委明确三类企业改革发展主攻方向》，新华社，2021-04-29。

行业和关键领域，更好服务国家战略、完成重大专项任务，争做国有经济控制力、影响力的担当者。公益类企业要聚焦保障民生、服务社会，高效率提供公共产品和服务，做好优质服务的提供者。

从经济学意义上看，国有企业改革正在推动的体制机制变革和体制机制创新是创新和技术进步这个第三变量的重要组成部分，是全要素生产率的重要组成部分，具体体现在国资监管机构正在构建的国有资本管理新体制和国有企业正在完善的现代企业制度。以管资本为主的国资管理体制是为实现国有资本的合理流动和资源优化配置，围绕资源的优化配置这一点，正好是研究运用经济规律去实现的目标，回归到经济学研究的基本问题上，体现其本质特性；把握住这一点，体现了经济学原理的根本性，可以使我们明白国有企业改革的逻辑和驱动方向，有效推动体制机制的变革和创新。

可见，这一轮国资改革从中观经济层面切入，并且以国有资本投资公司、国有资本运营公司这类新型国有企业集团为代表的集团经济改造为抓手，向上改革政府和国资监管机构的职能与权责，向下释放实体国有企业的经营效率和市场竞争力。当然，在改革的推进过程中虽然取得了瞩目的成效，但依然存在很多需要具体攻关和持续深化改革的实际问题。

在未来的国资国企改革中，除了继续巩固和优化目前的各项改革成果之外，还会呈现三大趋势。

① 随着中央企业的进一步专业化重组和体制机制的持续深化改革，一方面要在重大产业领域获取世界一流的竞争实力，并代表国家力量参与全球竞争，另一方面要真正背负起国家战略性产业的"链长"角色，并保障在重要产业领域全链条的运行安全和关键环节的自主可控（关于"链长制"，我们将在下一节内容中进一步详细讨

论）。在这一趋势下，未来中央企业除了在国务院国资委监管资产中实施专业化重组，还将广泛与地方国资系统中的具有产业关联性的资产和业务进行融合，通过股权投资或收、并购等方式实施“央地融合”。

② 地方国资系统中的各类平台型公司（如城投类公司）正成为下一步深化改革的重点和难点，从某种意义上讲，地方城投类公司的改革效果代表了该地方区域经济增长模式转型的成功与否。从目前一些成功范例来看，传统城投类公司的转型主要呈现这样几个方向：一是围绕地产和基础设施开发、建设、运营全产业链，进行布局和延伸，拓展市场化经营能力；二是整合公共交通、水务、环保、旅游、能源等业务，成为“城市运营商”；三是“城投”转“产投”，或成为产业园区投资建设运营商；四是转型为“两类公司”。然而无论选择何种转型方向，内部组织团队能力和经营机制的重建都将是改革的关键所在。

③ 随着地方国有企业现代公司治理结构的完善，以及其市场化业务的发育和经营能力的提升，走向区外拓展业务将成为愈加普遍的现象。在这一背景下，地方国资间的“跨地融合”和地方国有企业间的交叉持股可能会成为新的趋势。从理论上来讲，尤其对于那些具有产业链互补优势的地区之间，可以通过双方 / 多方国有资本的融合和国有企业间的交叉持股实现高效分工和发展红利共享的多赢局面。当然，前提是国家“全国一盘棋、统一大市场、畅通大循环”政策的有力落实，以及各地方政府能否转变以往目光向内、画地为牢的发展旧识，转而以真正的产业经营思维和更加开放共赢的心态去转变区域发展模式。

3. 如何看待“混改”的深远意义

自 2016 年国家发展和改革委员会（以下简称发改委）、国务院国资委牵头开展国有企业混改试点，至 2021 年年底已先后推出了 4 批共 208 家试点企业。从第一批的 9 家混改试点企业到第四批的 160 家试点企业，几年来，混改试点企业由点向面梯次铺开、范围全面扩大，呈现明显加速向纵深推进的态势。特别是 2020 年 6 月，中央全面深化改革委员会第十四次会议审议通过了《国企改革三年行动方案（2020-2022 年）》，混改进入新一轮提速升级，从“春播时期”进入“深耕阶段”。根据官方公布的数据：截至 2021 年 10 月，近 100 家试点企业已经完成了引入战略投资者、调整股权结构、优化公司治理、深度转换经营机制等主体任务，共引入外部资本 2000 多亿元，外部资本平均持股比例达到 35.9%。

“混资本”只是手段，“改机制”才是关键。2021 年开始，混改进入全面深化阶段，重点以“改”促“混”，即通过建立和完善更加适应市场发展的机制，优化和调整混改企业利益相关者的责权利关系，激活企业的运营活力和决策效率，提高企业整体效益。

“混改”是本轮国资国企改革的一项重头戏，自然在很多人的认识里，认为混改的主角是国有企业，民营资本和企业只是配角，最终的目的是提升国有企业自身的经营效率——这固然是国资委发起“混改”的主要目的之一。然而站在整个中国宏观经济层面看，“混改”其实应该具有更大的意义和作用。

第一，深度的“混改”有利于丰富中国国民经济的主体多样性，增加了经济“物种”的进化维度。我们知道，物种的多样性是一个生态保持旺盛生命力、对抗外部环境不确定性的基础。

第二，成功的“混改”对于促进产业要素流通、提升全要素生产率有着关键的作用。目前政府大力推动各类要素市场的建设，通过打通“堵点”、构建全国统一大市场、倡导国内和国际“双循环”等政策，在更加广阔的范围内提升要素流动性，引导各类要素协同向先进生产力聚集，进而为产业链水平的提高创造条件。但我国国内相当比例的优质资源要素是留存于国有企业内的，这些产业要素事实上并没能充分发挥经济效用，同时由于国有企业体制机制的限制，在企业生产率的提升方面也一直乏善可陈；虽然通过将国有企业进行分类改革可以突出竞争型国有企业的市场化导向，但并无法独立改变这种局面。而通过“混改”的手段将民营资本和企业主体引入进来，理论上可以促进原本低效的要素资产能够在一个更加高效的企业组织框架里得到更好的流通和利用。同时实质性（而非形式性）地发挥民资股东在混改企业中的决策和经营管理作用，有利于解决以往注重规模和短期效益的弊病，加大企业在科技研发、管理提升和人才发展上的投入，这对于持续提升全要素生产率将是大有裨益的。

第三，在上面两重意义之下，“混改”并不应该是单向的，而应该是一场“国资与民资的双向奔赴”的双赢局面。当然要达到这个目的，政府需要主动发挥更加积极的作用，要消除民营企业对“混改”的担忧，“我们参与混改非常谨慎，不想仅仅成为财务投资者而没有话语权”恐怕是很多民营企业家的心声。尤其在最近几年民营企业担心国有企业效率的提升将会进一步挤压自己的市场空间，甚至对政府推行“混改”政策持回避甚至反对的态度。

混改并非国有企业加速发展的单行道，而是一场国有企业和民营企业的双向奔赴。民营企业在市场机制、效率效益、科技创新等方面的优势与国有企业的资本、资源、技术、管理优势实现有机融合，混改企业迸发出勃勃生机与强劲发展动能。国有资本和民营资本的优势互补，切实提升了二者在混改中的优势叠加价值。同时，混改也进一步拓宽了民营经济的发展空间。以往对民营资本开放不足的重要领域，通过混改向民营资本敞开大门……这是一个非常好的政策信号，我们也期待随着市场准入和对外开放政策的进一步优化，良好政策信号加速释放，非公有制经济发展可迎来更多新机遇！

然而在混改的实际推进中，相关的机制障碍和运行问题依然突出。

（1）混改后企业的治理机制不完善，权力运行机制失衡。

国有企业混合所有制改革后，各股东方均衡的权力体系没有同时建立，一是国有资本一股独大的情况普遍；二是对国有绝对控股、国有相对控股、国有参股的企业差异化管理方式没有得到进一步明确；三是存在同股不同权问题。一方面易造成国有资本在混合所有制改革中利用强势地位损害民营资本的利益，降低未来民营资本参与混改的积极性，另一方面违背了引入民营资本提高国有企业市场竞争力和优化治理的初衷，没有形成符合现在企业科学管理的决策机制和治理结构，不能真正实现企业去行政化管理，仍不能保障国有企业成为真正的市场经营主体。

（2）重“混”不重“改”。

很多国有企业混改后，企业的经营管理机制的改革没有跟上体制的改革，“企业发展内生动力活力不足，人力资本价值贡献仍须进一步激发”“国有经济服务国家和城市发展战略的能级能量不够高”等，依然是国资国企改革亟待解决的矛盾和问题。“以公众公司为导向发展混合所有制经济”有利于实现国资国企的资产证券化、股权多元化、改革和经营规范化，但是一定程度上掩盖了混改的内生源动力问题，导致为“混”而混改，而不是为“改”而混改。混改的战略动机缺位或模糊，会在“混”的动作结束后成为混改企业经营的突出问题，很大程度上导致形式化混改、“混”后“改”不动、员工持股等中长期激励效果差等问题。

上述问题不仅仅表现在“正向混改”，同样凸显在“反向混改”中。与正向混改相对，反向混改是指民营、外资等非国有企业与国资委或国有企业达成合作，引进一定规模的国有资本（控股权一般仍然掌握在非国有股东手中）的混改方式。近些年，由于种种原因，地方国资大举收购或入股民营企业（上市公司），但往往由于不注重“改”，常常导致“混”后企业绩效不升反降，甚至沦为“包袱”。

总结成功经验与失败教训，中国企业在未来深化混合所有制改革的推进上需要特别注重如下要点。

① 坚持分层分类深化重点领域改革。针对竞争、功能和公共服务等各类国有企业，在共性考量的基础上，要做到一企一策：混改需要先对国有企业全局有一个规划，再确定国有企业集团混改的切入层级是集团还是子公司，对应的推进方向是自上而下还是自下而上；针对充分竞争行业中拟混改企业股权结构设计，则应着力于构建有效制衡的股权结构。

② 对于有条件的国有企业，应继续推进整体上市或核心业务资产上市；对于部分上市条件尚未成熟的国有企业，可以通过在产权交易所公开挂牌的程序引入战略投资者。

③ 国有控股上市公司引入战投，推进“二次及多次混改”。“以混促改”，通过引进战略投资者探索体制机制改革的突破空间；更重要的是，面向国资国企服务国家战略的使命担当和发展目标，混合所有制改革必须以提升企业战略空间和服务国家战略的能级能量为

核心导向，通过精准优化“混”的导向、能级、结构和节奏，持续动态地围绕企业不同阶段的战略重点和战略任务，通过引入匹配的战略投资者，带来战略空间、发展模式、产业资源、内部资源协同、外部资源整合等方面的增量，使“混改”真正成为企业谋求战略突破的关键动力之一。

④ 应特别注重混改企业的现代治理体系设计和治理能力的提升。混改实践中，大多数混改企业仍然是国有股东一股独大，社会股东董事会席位较少，董事会职权未落实。举例而言，董事会最核心的职权之一——选人用人并不在董事会手中，而是国有股东直接任命经营层，造成董事会与经营层权责不清；非公资本股东缺乏给企业发展建言献策、监督制衡的话语权，沦为财务投资人角色，使得企业内董事会的专业化、科学化的自主决策权难以落实，进而导致混改成效大打折扣。“一股独大”表面上是防止国有资产流失，但本质上是治理能力与治理自信的问题，片面地认为只有在国资一股独大的情况下才能形成有效治理。因此，国有企业应该提升治理能力、增强治理自信、建立规范的公司治理机制，而不是仅仅停留在建立公司治理结构上，只有这样才能走出目前治理形似而实不至，以及混改进展缓慢的困局。

⑤ 有效落实混改企业的经营管理机制。劳动、人事、分配三项制度改革是基于管资本为主、发展混合所有制的前提下进行的新一轮改革。“三项制度”是一个有机整体，在改革过程中需要同步设计、同步建立。总体来说，就是通过推动企业建立现代化管理制度来转换企业经营机制，建立干部能上能下、员工能进能出、收入能增能减的“三能”机制。

⑥ 扩大员工持股试点范围，探索员工持股并发挥真正激励性的运作机制。完善员工持股，需要以管理层和员工的考核激励机制为突

破口，构建高效合理的经营机制，在完善针对上市公司特点的考核机制的基础上，适时推出灵活多样的股权激励方式，让企业的管理层和员工共享改革成果。

⑦ 要提升国资委在混改中的主动作为能力，包括做好混改的顶层设计和“一盘棋”规划，统筹国有企业混改方案与整体国资布局的一致性，优化混合所有制企业的监管机制，完善混合所有制改革的配套机制（例如规范操作流程、改革容错机制、产权保护制度、资本退出机制）等。

此外，我也积极呼吁：民营企业，尤其是一些大型民营企业集团应越发注重从区域经济这个中观维度去思考和制定自身的集团发展战略，并发挥自身多年积累的产业组合、资本运作能力，以及民营企业天然的市场敏感度强、创新风险容忍度高、机制灵活等特点，主动拥抱区域经济升级与转型，或参与承接政府重大项目，或利用国资改革相关政策参与“混改”来扩大提升发展实力。

拓展阅读 EXPANDING READING

上海市属国有企业混合所有制改革经验

（注：如下内容摘自和君咨询研究，有关数据截至 2020 年）

（一）上海市属国有企业混合所有制改革历程

2013 年，上海率先发布首个地方国有企业改革方案《关于进一步深化上海国资改革促进企业发展的意见》，即“上海国有企业改革 20 条”，指出“上海面临改革开放的新机遇和新型发展的新挑战，已经到了没有改革创新就不能前进的阶段”，拉开上海新一轮国有企业改革的序幕，提出“积极发展混合所有制经济，加快企业制股份制改革，实现整体上市或核心业务资产上市”。

“十三五”规划以来，上海市将“坚持以公众公司为导向发展混合所有制经济”作为国资国企改革主要任务和措施，“混”的成果显著。

其中，2016 年，上海市国资委工作要点在混改部分提出“以公众公司为导向，稳妥发展混合所有制经济”，包括发展混合所有制经济、规范混合所有制改革实践两部分。同年 3 月份，上海市国资委发布《本市国有企业混合所有制改制操作指引（试行）》，从操作角度对之前发布的若干意见进行了细化和明确。

2017 年，上海市国资委工作要点在混改部分提出“着力推进企业上市发展混合所有制经济”，包括推进企业集团整体上市或核心业务资产上市、稳妥有序推进国有企业改制改革两部分内容。同年1月份，上海市国资委发布《关于本市地方国有控股混合所有制企业员工持股首批试点工作实施方案》，对试点企业条件、数量、实施原则、实施措施、工作要求作出具体规定。同年6月份发布《关于本市地方国有控股混合所有制企业开展第一批员工持股试点的通知》，公布第一批4家试点名单，后相继公布第二批4家、第三批2家，目前为止共10家试点单位。同年11月份，发布《上海市国资国企改革发展“十三五”规划》，提出“在坚持以公众公司为导向、发展混合所有制经济上要有新突破”。

2018年，上海市国资委工作要点在混改部分提出“深化混合所有制改革，着力增强国有经济活力”，包括充分发挥资本市场功能、大力实施开放性市场化联合重组、深化国有企业机制改革三部分内容。7月份，发布《关于本市国有企业全力打响上海“四大品牌”的实施方案（2018-2020）》，鼓励具有一定品牌影响力的国有控股上市公司引入战略投资者实施“二次混改”。

2019年，上海市国资委工作要点把“推进混合所有制改革”作为要率先取得突破的重点领域和关键环节。同年8月份获批《上海市开展区域性国资国企综合改革试验的实施方案》，提出“着力推动混合所有制改革，促进国有企业转换经营机制”，包括深化公众公司导向的改革、推进开放性市场化联合重组、积极开展国有企业员工持股三部分内容，政策力度超过以往，突破性强。

（二）上海市属国有企业混合所有制改革亮点

1. 基本形成以上市公司为主体的国资布局

上海市国有企业的混合所有制改革以推进国有企业整体上市或核心业务资产上市为主要形式。整体来看，截至2018年年底，上海混合所有制企业占市国资委企业户数的73.2%，总营业收入的89.5%，总净利润的93.5%，其中42家市属国有企业共拥有54家上市公司，平均每家市属国有企业拥有约1.3家，整体上市企业集团13家，上海国有企业控股境内、外上市公司总市值达到2.8万亿元，国有股市值1.2万亿元。通过积极上市，一方面，上海市灵活运用资本市场的调节、引导和放大功能，提高国有资本效能，优化国有资本布局结构；另一方面，上市提升了上海市国有企业的品牌形象，增强了上海国有企业的公信力和融资能力。"十三五"期间上海市国有企业上市情况梳理。

"十三五"期间上海市国有企业上市情况梳理

年份	企业名称	主营业务	第一股东或实际控制人
2016年5月	上海华谊集团股份有限公司	化工	上海华谊（集团）公司
2016年8月	上海电影股份有限公司	电影发行及放映	市委宣传部
2016年11月	上海银行股份有限公司	银行业	联合投资有限公司
2017年3月	上海环境集团股份有限公司	生产垃圾、市政污水、危险废物、市政污泥、餐厨垃圾和污染土壤等的处理处置	上海城投（集团）有限公司
2017年9月	上海畅联国际物流股份有限公司	物流运输	浦东新区国资委
2018年3月	上海实业环境控股有限公司	涉及污水处理、供水、固废处理及其他环保相关产业	上海实业（集团）有限公司
2019年6月	海通恒信国际融资租赁股份有限公司	融资租赁、经营租赁、保理等综合性服务	海通证券
2020年6月	上海复旦张江生物医药股份有限公司	从事生物医药的创新研究、开发、生产和销售	上海医药（集团）有限公司

2. 员工持股试点范围不断扩大

上海市以落实员工持股为新一轮国有企业改革的重头戏、突破口，进一步为国有企业激发内在活力，提升市场竞争力，营造更好的政策环境。自2017年上海市确定首批员工持股试点企业以来，已有超过300家各级国有企业实现员工持股，其中上海自动化仪表有限公司在上海市国资委和上海电气集团的支持下，通过体制创新迎接新一轮增资扩股，已经成为国有企业员工持股的标杆案例。在推进员工持股的过程中，上海市国资委积极敢为，扩大员工持股的可行范围，优化内部关联交易的前提条件，放宽单一员工持股比例，探索员工以科技成果出资，真正建立起企业与员工利益共享、风险共担的机制，使员工利益与企业利益紧密结合，充分调动员工的主动性和创造性，进一步优化国有企业的股权结构。

3. 制度与机制保障不断完善

上海市率先出台一系列混合所有制改革文件，确保改革规范有序推进。在市级层面，《关于推进本市国有企业积极发展混合所有制经济的若干意见（试行）》明确“一个导向三个结合”的发展混合所有制经济的基本原则、主要目标和具体措施。在市国资委层面，《本市国有企业混合所有制改制操作指引（试行）》明确混合所有制改制各环节的责任主体、基本流程和主要风险，对混合所有制改革建立提醒把关机制，规范本市国有企业混合所有制改制操作流程和实施细则。在混改的主要做法上，探索出了诸多行之有效的推进路径，以上市发展为导向，分类分层实施产权变革；以机制转换为关键，以人为本激发微观主体活力；以党的领导为根本，为改革提供坚强政治保障等。

4. 以契约精神持续鼓励民资民企做大做强

当前社会上充斥着一些杂音，质疑民营经济比重的大幅度提高，认为民营经济应当逐步退场。相反，中国民营经济发展得不充分，民营企业实力欠缺、生命力不够坚韧依然长期成为中国式现代化经济体系建设中的突出结构性矛盾。

党的二十大报告提出，“优化民营企业发展环境，依法保护民营企业产权和企业家权益，促进民营经济发展壮大。”“完善中国特色现代企业制度，弘扬企业家精神，加快建设世界一流企业。”

虽然中国民营经济总规模体量已占全国 GDP 比重的 60% 以上，并且“贡献了 50% 以上的税收，60% 以上的国内生产总值，70% 以上的技术创新成果，80% 以上的城镇劳动就业，90% 以上的企业数量”，但从民营企业个体而言，依然没能在整体上获得与当前中国国家实力和未来中国在全球竞争中要取得的目标地位相对应的实力，真正能够在世界范围内取得相对乃至绝对竞争优势的超大型民营企业跨国集团屈指可数。

我们看到，虽然在“中国企业 500 强”中的民营企业数量已经超过一半，但在世界 500 强企业（2022 年《财富》世界 500 强排行榜）中，中国大陆上榜国有企业数量为 86 家，民营企业仅为 50 家，其中上榜国有企业的平均营业收入、总资产和净资产分别为 923 亿美元、4153 亿美元和 508 亿美元，而上榜民营企业的三项指标分别为 614 亿美元、2608 亿美元和 349 亿美元。可见，从规模数字上，头部民营企业和头部国有企业还有很大差距。但同时也可以看到，在经营效率效益上，上榜民营企业明显好于上榜国有企业，其中上榜民营企业的销售收益率是 7.2%，总资产收益率是 1.7%，净资产收益率是12.7%，均明显高于上榜国有企业的4.3%、0.95%和7.8%。如果与发达国家上榜企业相比，在盈利能力方面，中国企业的差距依然较大，其中中国上榜的145家企业平均利润约41亿美元，低于上榜德国企业的44亿美元、加拿大企业的47.5亿美元、法国企业的48.5亿美元、英国企业的69.6亿美元、巴西企业的84.8亿美元、美国企业的100.5亿美元。而将中国企业数据打开来看，上榜国有企业平均营业利润为39.5亿美元，上榜民营企业为44.2亿美元。由此可见，中国头部民营企业在盈利能力方面进步明显，可比肩若干发达国家企业，但在数量上和规模体量方面依然相对弱小。

此外，在产业升级（*尤其是竞争性产业和战略性新兴产业*）和区域经济繁荣方面，大型民营企业往往扮演着重要乃至主导的角色，我国经济发达地区几乎都同步伴随发达的民营经济，并会诞生大批知名的大型民营企业。它们通过敢于冒险和善于创新的企业家精神、决策高效且反应迅速的组织机制、注重实效且讲求科学的经营方法沉稳应对国内外经济各种困难冲击，并不断地内修外炼、转型发展、提高质量与提升韧性，并通过其集团经济的溢出效应，带动一批产业链上下游和区域相关企业、机构的共同发展。

从集团经济内部视角看，近些年中国民营企业在集团化治理与管控、产业竞争力提升、资本运作与产融互动、科技创新与成果转化、国际市场开拓，以及在环境保护、慈善贡献、员工关爱、社区服务、遵法守规等社会责任方面总体取得了长足进步。

最后特别强调的是，大力发展民营经济，尤其要鼓励各行各业头部民营企业集团持续做大做强，这对于中国式现代化经济体系的结构稳定和健康发展，以及对于优化改善政府与市场的界面关系都是至关重要的！实践中我们也看到，随着一些民营企业持续地做大做强，它们往往会主动按照法律法规要求去规范自身旗下各分、子公司的市场经营活动，会通过供应商或客户管理等制度要求上、下游企业规范自身行为，共同维持相对有序的市场竞争规则。同时，它们还会积极主动地与政府进行互动，主动融入国家及地方经济的发展规划、落实相关政策及承担重要工程项目。

THREE 三 现代化产业体系与地区竞争优势

一国一地的经济结构基础是产业结构，一国一地的产业竞争力直接决定了该国该地的竞争优势。

党的二十大报告指出，我们要坚持以推动高质量发展为主题，把实施扩大内需战略同深化供给侧结构性改革有机结合起来，增强国内大循环内生动力和可靠性，提升国际循环质量和水平，加快建设现代化经济体系，着力提高全要素生产率，着力提升产业链供应链韧性和安全水平，着力推进城乡融合和区域协调发展，推动经济实现质的有效提升和量的合理增长。构建全国统一大市场，深化要素市场化改革，建设高标准市场体系。完善产权保护、市场准入、公平竞争、社会信用等市场经济基础制度，优化营商环境。

党的二十大报告提出，建设现代化产业体系，要坚持把发展经济的着力点放在实体经济上，推进新型工业化，加快建设制造强国、质量强国、航天强国、交通强国、网络强国、数字中国。实施产业基础再造工程和重大技术装备攻关工程，支持专精特新企业发展，推动制造业高端化、智能化、绿色化发展。巩固优势产业领先地位，在关系安全发展的领域加快补齐短板，提升战略性资源供应保障能力。推动战略性新兴产业融合集群发展，构建新一代信息技术、人工智能、生物技术、新能源、新材料、高端装备、绿色环保等一批新的增长引擎。构建优质高效的服务业新体系，推动现代服务业同先进制造业、现代农业深度融合。加快发展物联网，建设高效顺畅的流通体系，降低物流成本。加快发展数字经济，促进数字经济和实体经济深度融合，打造具有国际竞争力的数字产业集群。优化基础设施布局、结构、功能和系统集成，构建现代化基础设施体系。

我国产业结构同时面临“合理化”和“高度化”的双重挑战。其中，产业结构合理化的挑战主要集中在“效率”与“安全”两个方面：生产和要素流动效率不高、供给和需求的矛盾、实体经济与虚拟经济的合理匹配与融合、地方政府在产业布局过程中低水平重复建设的问题、全国统一大市场建设和地方保护主义的矛盾、大国竞争加剧背景下的产业链供应链韧性与安全挑战等。产业结构的高度化挑战主要表现在两个方面：其一是以芯片、先进机床、高端工业软件等为代表的产业链“卡脖子”环节的自主可控，其二是以新能源、新材料、人工智能等为代表的“新经济”产业的集群化、规模化和高质量发展。

要应对上述挑战并实现发展目标，单靠美好的愿望是不够的，需要对我国的区域经济和产业发展模式进行更加深化的改革。

1. 区域经济增长动能转型

2020 年 4 月，习近平总书记在中央财经委员会会议上首次提出构建以国内大循环为主体、国内国际双循环相互促进的新发展格局。2021 年 3 月，“双循环战略”正式被写进《中华人民共和国国民经济和社会发展第十四个五年规划和 2035 年远景目标纲要》。

如果说“双循环战略”是中国在应对复杂国际局势和中国自身发展模式换轨要求的方向性描述，那么建立“全国统一大市场”则意味着相关政策的进一步落实。2022 年 4 月 10 日，《中共中央 国务院关于加快建设全国统一大市场的意见》发布，意见明确，加快建立全国统一的市场制度规则，打破地方保护和市场分割，打通制约经济循环的关键堵点，促进商品要素资源在更大范围内畅通流动，加快建设高效规范、公平竞争、充分开放的全国统一大市场，全面推动我国市场由大到强转变，为建设高标准市场体系、构建高水平社会主义市场经济体制提供坚强支撑。

我们看到，改革开放 40 多年，中国整体经济发展取得了举世瞩目的成绩，但地方政府也积累和衍生出一些问题。例如为了 GDP 和税收，招商引资的很多项目是低水平重复建设的低端低效项目，最终若没有消费端来吸纳，就会造成大量的产能过剩和供大于求的资产浪费。再比如用强力的行政管理手段来配置资源，形成了实质性的行政垄断和地方保护主义。再有就是近些年饱受争议的资本无序生长和野蛮扩张问题，制造出了房地产泡沫和一些互联网巨无霸的垄断行为，它们通过结成利益联盟并运用超强的资本运作手段“暴力”洗刷一个又一个行业，一方面使用户要支付更高的成本或代价购买产品和服务，另一方面也会对建立长期公平有效市场造成冲击。

当然要改变这种局面不是一件容易的事，在改革的过程中也一定会遇到很多的困难，甚至阻力。因为这要求各区域发展逐步改变产业布局同构、粗放、招商引资盲目的现状，转而基于自身的地缘特征、区位优势、资源禀赋、人口文化、资本实力、创新模式等关键要素的深度思考和挖掘，谋划构建更加科学化、差异化、精细化、系统化、节奏化的区域战略和产业战略。

首先，从思维认知层面，地方政府需要迅速作出转变并重新凝聚发展共识，即要思考如何快速转变区域增长模式，如何尽快从土地财政升级为产业财政、创新财政将成为支撑未来可持续发展的当务之急，这需要系统思考与谋划。在这种发展思维转变的过程中，有一点是很关键的：要从“地缘”思维转变为“产缘”思维，即从全球产业变迁趋势、产业链格局、供应链分工的视角重新认识本地区发展的“产业版图”，这有助于找到或创新区域发展的全新定位，主动影响并重组现有的区域产业格局，构建起全新的产业生态和竞争优势。具代表性的案例之一就是“重庆十年谋一‘局’”，不但构建起一个万亿级的、体系比较完整的电子信息产业集群，还率先打造了一个国家级的“双循环”样本。《成渝地区双城经济圈建设规划纲要》明确提出，川渝两地要联手打造具有国际竞争力的电子信息产业集群。2021 年 12 月，四川重庆党政联席会议第四次会议提出，深入推进新一代信息技术与制造业深度融合，合力打造一批世界级产业集群——正如重庆前市长黄奇帆的那句经典语录：“世界是可以重组的！”

其次，从模式上，构建区域自身特色和具有比较优势的产业“微双循环”模式（与国家层面宏观的“双循环”融合嵌套），应成为区域中长期战略构建的基本逻辑。其一，要重新思考本区域产业链内循环的结构优化和纵向垂直产业发育空间（城市群、都市圈、城乡产业要素联动）；其二，要特别注重研究本区域与其他区域在更大产业生态间的要素循环关系；其三，要打破原来以土地财政驱动的、画地为牢的地缘壁垒，真正用产业经济的发展逻辑来驱动区域经济模式转型，构建自己的“产缘优势”，并以此倒逼政府职能、地方国有企业功能、各经济发展要素市场的全面改革。

最后，从竞争维度看，“双循环”和“全国统一大市场”势必重构区域经济的地理布局，区域竞合将进入新“战国”时代。谁善于创新、谁调整迅速、谁善于产缘优势与地缘优势的互动，谁就将重新获取先发优势。我们看到，意识超前、身姿柔软、长袖善舞者正迅速在这场结构性变局中脱颖而出，获取先发的转型优势，成功画出区域发展的下一波增长曲线。

当然，延伸开来，区域发展是一个内涵非常丰富的命题，涉及复杂的政治、经济、社会、文化、人口等因素的交织与互动，这无疑给地方政府的决策和管理带来了巨大的难题。然而有一点是可以达成共识的，即一个地区要想富有活力、增长有动力，必要的条件之一就是要保持其各类经济结构的均衡，以及经济生态的多样性。在中国，上海是这方面的佼佼者。上海或许在不少人的眼中已不如深圳有活力、不如杭州有更好的互联网创业环境，但在城市经济结构的构成上却是更为合理和均衡的：横向结构上看，在沪中央企业、市区属国有企业、民营企业、外资企业基本上四分天下，国内市场与海外市场并举；纵向结构上看，既有具备较强竞争力的芯片、大飞机、医药、现代服务业等高端业态，又有具备规模效应并持续创新的各类所谓的传统经济业态，这使得上海或许会失去某些特别亮眼的特色优势，但可行稳致远。

那么立足实现“双循环”和“全国统一大市场”的国家战略总要求来看，区域经济发展和构建现代产业体系需要遵循什么样的基本逻辑呢？

2. 究竟该如何搞好“链长制”

近年来，“链长制”在我国各地推行，被视为建链、稳链、固链、强链、延链及推动全产业链优化升级的重要举措和抓手，大有遍地开花之势。链长制最早于 2017 年 11 月出现在湖南，2019 年 8 月首次由浙江全省推行，2020 年 9 月国务院发布文件《中国（浙江）自由贸易试验区扩展区域方案》，指出构建“链长制”责任体系，这是首次国家层面政策文件中提及“链长制”。截至 2021 年，中国已有 29 个省份实施了链长制或与链长制相关联的政策。在中央部委层面，近年国资委也着力推进现代产业链链长建设。

链长制最初是一些地区在搞产业园区过程中开展“用产业链思路招商”的思路创新[①]。链长制最初在开发区实行，落实政府对产业链的安全责任，防范化解产业链重大风险。现在链长制被很多地方政府作为搞实体经济的工作抓手普遍推行，责任已落实到领导者个人。

链长制以“链长 + 链主”的工作推进体系为基础，构建协同配合机制：链主由产业链上的龙头企业担纲，协同推动重大规划、工程落实，其中专精特新企业是培育重点；链长则由地方政府主要官员亲自担任（如省长、市长、县长），统筹内外资源，打通协同堵点，在要素保障、市场需求、政策帮扶等领域精准发力，保障产业链完整构建、稳定发展、能级提升，以此为抓手贯通上、下游产业链条。例如，据公开资料报道：2020 年 6 月，安徽省合肥市重点产业正式启动产业链“链长制”。合肥从市级层面建立统筹调度机制，梳理出集成电路、新型显示、创意文化、网络与信息安全、生物医药、节能环保、智能家电、新能源汽车暨智能网联汽车、光伏及新能源、高端装备及新材料、人工智能、量子产业共 12 条重点产业链。这 12 条重点产业链全都配备“链长”，担任集成电路产业链“链长”的是安徽省委

① 例如 2017 年 11 月 23 日，长沙市召开全市产业链工作动员部署会，提出全市在各个省级以上园区设立 22 个产业链推进办公室，由 20 位市级领导担任“链长”，园区相关负责人、业务骨干和各市直部门、区县（市）选派的优秀干部共 88 人组成产业链推进团队，打造优质完善的产业链。

常委、合肥市委书记，合肥市委副书记、市长担任新型显示产业链“链长”。另外一些产业链“链长”则由合肥市委、市政府相关负责同志担任。

链长制从提出到迅速推广，有其迫切的现实背景：一是全球产业链加速调整，为避免“一个环节阻滞，上、下游企业都无法运转”的风险，需要对一些重要产业链环节实现自主可控，并加强这些产业链供应链的韧性；二是国内产业发展进入高质量发展新阶段，国家大力构建双循环新发展格局，为各地区产业链重构带来重大机遇，同时地方政府亟待摆脱过去对土地财政的依赖，转型发展产业财政等。

诚然链长制的初衷是好的，但从其运行的真实逻辑来看，尤其是其能否真正达成预期的状态和目标，以及能否为中国“现代化产业体系”的建设产生长期正向作用等方面，我是心存疑虑的。

第一，虽然链长制常常被视为产业集群政策的升级版，但是很多地方政府在实际操作中混淆了“产业链”与“产业集群”的概念，虽然二者之间存在联系，但发展思路上却有着本质的区别。

“产业集群”本质上是一个地域集聚的概念，即某一行业内的竞争性企业和与这些企业互动关联的合作企业、专业化供应商、服务供应商、相关产业厂商、相关机构（如大学、科研机构、制定标准的机构、产业公会等）聚集在某特定地域的现象。四十多年来国内各地发展的高新区、经开区等就是用政策推动产业要素集聚的现象。但“产业链”的发展逻辑与“产业集群”不同，产业链本质上是产业部门之间的一种客观存在的“技术经济联系”，而某个特定的地域并不是发展一个完整产业链的必要“容器”；相反，对于很多复杂的产品（例如芯片、汽车等），其产业链各个环节不大可能由一个省市全部完成，即使是一个国家也可能无法在产业链的所有环节都取得竞争优势（依然需要进行产业链的国际化分工）。尤其在新技术、新产业不断涌现的今天，“链式思维”已无法应对时势瞬息万变之需，跨产业领域的合作成为常态，并且重大革命性的创新往往发生在产业的交界处，线性的“创新链”也已经演进为对创新系统或创新网络的认知。

所以，我们看到当前很多城市，甚至县域、镇域的政府都在搞链长制、试图在本地人为地构建起十几至二十几条完整的产业链，这无异于缘木求鱼。大概率非但不会真正打造出具有竞争优势的产业链，反而容易造成新一轮的地方产业结构雷同、重复投入、条块分割，甚至闭锁僵化等问题。

第二，从区域经济发展来看，究竟是需要“死”的产业链还是“活”的供应链?

一条产业链能否运转起来，并不取决于某个区域是否在形式上汇集了产业链上相关的各类要素，归根结底是产业链上的各个企业之间是否发生持续稳定的交易，即供应关系。而供应链的形成不仅需要上、下游企业之间具备“技术经济联系”，还应该具备“信任”联系。在真实的世界里，产业链上的交易关系是非常复杂的，不但难以进行规划，更不能通过行政手段“拉郎配”。位于同一个地方而又处在产业价值链相关环节的企业是否合作，取决于基于“信用链”的社会网络，而非二者是否看起来具有很强的“技术经济联系”。我们经常可以看到，有些企业寻找供应商时宁远勿近，因为没能与邻近的供应商构建“互信”的关系，或者二者在某些领域存在竞争的关系。有些大企业在选择供应商时，往往需要若干年的试错才能真正固定下来，供应商名录都是不能公开的，因为优秀的供应商本身就是这家企业的核心竞争优势的关键组成部分。

有些地方政府试图通过行政力量去推动本地区产业链的打造，这本身是与市场经济相悖的，因为产业链上各企业的联系是一个长期互动试错的过程，如果让产业知识不足的行政领导者行使配置经济资源和要素的权力，搞不好会影响企业家和创业者的经营与创新。正如很多人担心的那样：如果领导决策失误怎么办？这将导致什么样的连锁反应，付出多大的机会成本，错过怎样的时间窗口？推演开来，如果各地都在搞自己的产业链，那么是否意味着必须通过本地市场进行产能消化？是否会造成市场的以邻为壑？这显然与构建“全国统一大市场”的目标相悖。

第三，发展产业链、建设现代化产业体系的关键是做好政府与市场关系的重塑。

从目前大多数地方政府搞链长制的实践来看，依然没有跳脱过去政府牵头、企业配合的局面。虽然很多地方在本地链长制的规划和设计描述中都注入了美好的初衷和愿望：不但要做好“顶层设计”“政策引导”“精准招商”“提升产业链竞争力”“维护产业链稳定安全”，而且特别强调要“尊重市场规律”“积极发挥链主企业的能动性”“处理好政府与市场的关系”“处理好短期与长远的关系”等——这些固然是发展链长制需要全力达成的目标和状态。但是，若一旦确立这件事是通过“链长责任制”来“一链一长”负责层层推进落实，并且链长（以及旗下配套的各级行政单位）要背负指标、接受考核，则极有可能在实际操作中走样，很难真正处理好政府与市场的关系，让“行政之手”不自觉地有“过界”之嫌，甚至与预期的方向和目标南辕北辙（相关的原理我们已经在本章第一节内容中有所阐述）。

第四，链长制的初衷和方向本身没有错，但究竟如何才能搞好链长制呢？

我认为应根据各区域自身发展阶段和产业成熟度的不同差异化地设置链长的职责，甚至选择链长角色的扮演主体。对于相对落后、产业成熟度不高、暂时缺乏竞争力的链主企业的地区，可由政府扮演更加积极的作用，但切忌刻板使用“链式思维”发展本地区的产业，更没有必要沿着全产业各环节进行招商，妄图实现所谓的“链式经济”。相反，这类地区应该更加注重研究本地的独特禀赋和优势，务实地重点发展某个产业链环节上的集群优势，并主动融入外部更大的产业循环中谋求发展共赢。

对于已经具备一定产业基础、涌现出一批具有一定竞争优势企业的地区，政府在扮演“链长”的过程中一定要特别注意明确好自身行政职能的活动边界，避免过度的行政行为对链主企业和市场运行的负面干扰。为保障这一点，这类地区应将产业发展的重点落在支持链主企业持续做大做强上，有意识、有规划地将“双强”结构发展为“三强”格局，即让作为链主的“强企业”扮演起产业规划、提升产业链竞争力、维护产业链稳定安全的主体责任。与此同时，政府应该更多地扮演“环境营造者”和“链主遴选者”的角色。一方面建设好有利于目标产业发展的开放式软、硬件基础设施，设计好有利于知识交流、技术学习、鼓励创新的机制和文化，吸引越来越多的产业相关企业/机构奔赴而来，共筑繁荣的产业生态。另一方面，在具备较强竞争实力的企业中动态遴选合格的链主企业，将其纳入政府重点扶持的名录清单，引导其将自身企业（集团）战略与国家/区域的产业战略相融合，并为其提供“呼叫式”赋能（包括政策、资金、资源等）；同时定期评估该链主企业在带动相关产业链发展中的作用，通过调节对该企业的支持力度来影响其经济行为，甚至在该企业无法有效承接链主职责的时候将其从名单中剔除和更换，通过这样的动态淘洗机制引导企业之间的优胜劣汰，变“相马”为“赛马”。

而对于已经发展为具有产业链整体布局并有较强产业竞争实力的大型企业集团而言，可考虑让其扮演好兼具链主与链长的双重角色。对于这类企业，政府一方面可通过国有资本的投资持股，以及在该公司治理决策体系中获取的控制权来影响其战略和经营行为，另一方面则通过相关法律法规的完善，从外部制约和监管该企业可能出现的“恶”的行为。我们看到，2021 年 3 月 29 日，时任国务院国资委党委书记、主任郝鹏提出要“推动中央企业加快打造原创技术策源地和现代产业链链长”。截至 2022 年 5 月 24 日，国务院国资委已经累计为中国宝武钢铁集团、中国交通建设集团等两批链长中央企业进行了授牌。这些链长中央企业需要在国家战略的要求下背负起“基础固链、技术补链、融合强链、优化塑链能力，不断增强产业链供应链韧性和竞争力，在现代产业体系构建中更好地发挥支撑引领作用”的主体责任。

FOUR 四

— 让企业集团成为我国现代产业体系构建的主导力量之一 —

1. 改革“下半场”：让政府更像政府，让企业更像企业

在我国社会主义市场经济发展的“上半场”，政府（各级发展改革、经济、商务、科技等部门）成为产业资源配置的主体，企业更多地扮演价值经营的主体。从前文的分析中我们可以看到，政府的“准企业”角色虽然在我国市场经济不完善、企业力量弱小的时期发挥了巨大的正向作用，但也越来越显露出弊端。

其一，政府无论从专业认知上还是自身性质上，都越来越难以应对产业向高级化和复杂化演进所带来的挑战，综合长期配置效率越来越低，因此它必须真正过渡到让市场作为资源配置的主体。

其二，长期以来国有企业事实上作为政府职能的延伸存在，并未真正意义上具备企业化的经济属性，反而常常既做“裁判员”又做“运动员”，成为市场经济中的“畸形”。本质上，国资国企改革的核心目的之一就是让国有企业更像“企业”。

其三，当政府“准企业”的功能很强时，民营企业的行为也开始变得扭曲。据我观察，很多地区（尤其是北方的省份）的民营企业的组织运行节奏更多以政府的行政节奏而非按照市场的运行规律运作。

所以，在我国社会主义市场经济体制改革的下半场，应该让政府更像政府，企业（**尤其是国有企业**）更像企业！二者之间需要构筑起基于契约精神和相关制度保障下的既相互依存又职责各异的、既边界清晰又相向而行的长期互信协作关系。

那么，中国式现代化经济体系下的“新型政府”应该扮演好什么角色，发挥什么作用呢？安徽省芜湖市的做法可以给我们不少启发。芜湖市近几年在城市建设上展现出了一种新思路。知名商业观察家蔡钰将芜湖经验总结为“三个手段”。

第一个手段叫“1% 工作法”。它是指制定一个目标，通过优化芜湖市的营商环境，让芜湖市的企业和重点行业把平均利润率提高1%，或者比周边同类城市高 1%。这个目标从 2021 年起就写进了芜湖市政府的年度目标考核，而且每个月都要分析重点企业的成本利润。各个部门和单位的这一项考核结果要当作评先评优的重要依据。这么一来，“1% 工作法”就相当于把政府工作给“OKR”化了。总目标“O”是优化营商环境，关键结果“KR”就是那个 1%。后面再把目标分拆到技术、能源、用工、物流、税费、融资等不同的条线上。这时，芜湖市各个区县的不同创意就体现出来了。比如，繁昌区的创意是引进第三方咨询机构在政府服务窗口常驻，来帮企业“零成本”注册和开办。南陵县的创意是提供“一站式”用水服务，把企业的用水工程施工费降低 10%。在各个区县里，1% 这个大目标使很多部门有了推进项目的积极性。要是遇上什么复杂的决策难题，比如要不要推动智能工厂和数字化车间的建设？要不要推进中小企业用云服务？这些事情在以前都是可干可不干的，现在有了 1% 目标，大家就有了行动积极性，当然就会主动干。

第二个手段叫“畅聊早餐会”。芜湖市的市委书记、市长等主要领导班子成员从2021年的3月底开始，每个周末都会邀请企业家们一起吃一顿早餐。这个早餐会每期设定一个大致的主题，根据主题来组织宾客，听客人们敞开聊天，提需求、提意见、提创意。一个问题只要在这个早餐会上被反映了，基本上5个工作日内就能够解决，或者最少也要形成解决方案。

第三个手段叫“人民城市建设合伙人制度”。它是指定期选择一批国内、外的高等院校和知名企业，来授予一个叫“芜湖合伙人”的名誉。全世界很多城市都有一个传统，给非本市居民授予“荣誉市民”的称号。芜湖市的“城市合伙人”的内涵，跟“荣誉市民”有些不同。比如在经济维度上，城市合伙人比荣誉市民多了一层暗示：你是城市的股东之一，你是芜湖的利益共同体。它还有一层潜在的承诺是：你做大做强就是芜湖做大做强。所以，你不用客气，可以放心地找市政府申请资源。市政府对这些企业还有一个承诺——“随叫随到、不叫不到、说到做到、服务周到”。这么一来市政府和企业之间的协作就变得更深入了。

2. 发挥企业集团在产业资源配置中的关键作用

当一家企业集团具备有竞争力的经济内部性优势后，可进一步将这种优势向外部释放并对所在行业的产业结构的加速升级，以及转型过程中产生有价值的正外部性影响，并且能承接或替代一部分政府和市场在产业结构调整及产业要素交易流通中的配置功能（外部经济行为的内部化）。

产业结构的演化就像地质变迁，不仅有横向的撞击、冲刷、侵蚀、交融，也有纵向的沉积、覆盖与新生。对于产业或资本处于统治地位的大型企业集团，很多人往往戴着有色眼镜观之，要么视其为可怕的市场霸主，要么在新产业变革时将其视为将要灭绝的“恐龙”。但事实上，实力更加强大的企业集团型组织无论在行业上升期还是转型蜕变期都扮演着至关重要的角色。

首先，中国作为后发国家，政策上奉行积极的超前引领模式，即通过五年滚动规划的方式对各产业的发展给予方向引领，以及针对性的财政、金融、牌照等配套政策来具体引导。对于战略性新兴产业，则更加突出行业巨头们的率先垂范，尤其对于政府拥有强控制力的国有企业集团，在对国家政策的高效落实上具有特殊的政治使命；而具有敏锐战略眼光的民营企业集团亦会积极融入并引领新产业政策的落实。

其次，具有更多资本和物质积累的企业集团可在产业结构变迁过程中具备更加强大的资源配置能力，加速产业演进的速度。当然，在这个过程中并不是所有既有的企业集团都能够成功跳过效率模式转换的“龙门”。但不论其成功与否，它们的既有投入都将沉淀为新的“地质土壤”，为行业“新物种”的崛起和繁荣创造基础条件与生态环境；并且那些诞生于新纪元的企业“新物种”将会在新一轮的竞争中优胜劣汰，其中的佼佼者会在下一波“马太效应”中快速发育成新型的企业集团。

这一点我们从近些年“绝味食品”的产业投资上可见一斑。绝味食品股份有限公司（以下简称绝味食品）总部设在湖南长沙，是一家以休闲卤制食品生产和销售，以及连锁加盟体系的运营和管理为主营业务的公司，为国内现代化休闲卤制食品连锁企业领先品牌。作为消费者，我们更熟悉的是它的“绝味鸭脖”。而事实上，绝味食品在多年前就确立了“一个市场、一个生产基地、一条配送链”的生产经营模式。据公开资料显示，绝味食品近些年大量投资自己的同行，例如在自己所在的卤味赛道里，绝味食品投资了廖记棒棒鸡、颜家辣酱鸭、精武鸭脖等。轻餐饮方向上，绝味食品现有的供应链比较容易支撑米面烘焙，于是它投资了和府捞面、幸福西饼、淳百味中式快餐等。在复合调味料方向上，绝味食品也投资了做川味调料的幺麻子、做火锅底料的美鑫食品等。说白了，就是把钱投给同行，然后跟被投公司共享产业链。你的生意我占一份，反过来，我的供应链也有你一份。2018 年，绝味食品还成立了一家柔性供应链公司，取名就叫“绝配”。“绝配”除了支持自己的鸭脖主业配送，还服务和府捞面、幸福西饼、曼玲粥店、华莱士、慕玛比萨等 60 多家餐饮企业。2022 年前三季度，绝味食品的非主营收入达到 1.35 亿元，主要就是“绝配”的贡献。而最近两年，卖瓜子的洽洽、卖挂面的克明面业、做休闲零食的盐津铺子、做燕麦的西麦食品也都开始像绝味食品一样做产业投资。这种由行业头部企业主导的产业资源配置，显然比由很多政府“运动式”的资源配置模式更加经济且长效。

再以中国新能源汽车产业为例，从前期科研到产业化，政策成为产业变革发展的最大推力。早在 2000 年，中国汽车产业规模逐渐壮大，同时电动汽车被列入“863”计划 12 个重大专项之一。从 2001 年开始，“863”项目共投入 20 亿元研发经费，形成了以纯电动、油电混合动力、燃料电池三条技术路线为“三纵”，以动力蓄电池、驱动电机、动力总成控制系统三种共性技术为“三横”的电动汽车研发格局。2007 年 11 月正式实施的《新能源汽车生产准入管理规则》被业界视作国家鼓励新能源汽车市场化的开端。2008 年，新能源汽车在国内呈现全面出击之势。2009 年，国务院发布了《汽车产业调整与振兴规划》，首次提出大规模发展新能源汽车的目标。2011 年开始进入产业化阶段，随着一些核心技术的阶段性突破，以及国家财政补贴等各类政策驱动下，新能源车企如雨后春笋般涌现，高峰时期有数百家新能源车企，在接下来的十年中，随着行业激烈竞争，以及国家清理落后产能的淘汰出清，目前已经基本形成中国车企、新造车势力和外资车企三大势力。

在公众认知层面，从媒体上更多看到的是关于特斯拉、“蔚小理”等新能源车企的强势崛起，但若从全球新能源车销量和市场占有率来看，截至2022年，传统汽车巨头依然占据着半壁江山。新能源车企要想全面超越甚至替代掉传统汽车巨头，最终还是要选择集团化的基本组织模式，要依托自身打造更具优势的集团经济模式和更高效的集团运行体系，打“集团军式的阵地战”，前以奇胜，后以正合。反过来看，传统车企自然也不会坐以待毙，它们同样会在这场竞争中选择自我革新甚至自我革命，以期与“新物种”共同实现进化。

不单单是新能源汽车产业如此，大部分产业演变大致都遵循上述规律和路径，例如电子信息、光伏、智能制造等。

由此可见，在一个完整的产业变迁周期中，真正的大数量散乱竞争的时段是短暂的，而行业的集中与巨头争霸才是主旋律。这客观反映了集团经济才是驱动产业结构变迁的决定性力量。

事实上，无论是政府还是金融资本机构，都越来越重视与产业链中拥有主导能力的大型企业集团进行合作，甚至在新兴行业中会鼓励并引导企业集团组织的快速形成，因为在竞争中胜出的优秀企业集团可依托其在资源、资本、研发和人才的外溢效应来提升整个产业链的综合效率。

不仅对于新兴产业如此，对于成熟期产业的重组与升级过程，企业集团也发挥着关键性作用。从北美摩根时代的铁路、钢铁、石油工业、汽车等行业的大重组，到中国20世纪90年代后期以来在电力、航空、电信、石油、钢铁、汽车、金融等行业的重组升级（主要表现为国资体系内的重组整合），在政府和资本的前置引导下，真正发挥持续整合价值的其实是集团型企业组织——要么通过既有行业头部企业的一系列兼并收购行为所组成的新集团（例如1901年，J.P.摩根收购卡内基钢铁公司，吞并785家中小型钢铁企业，成就了著名的美国钢铁公司）；要么由资本财团推动多家中小企业联合或合并为企业集团（例如洛克菲勒推动40多家石油公司组建托拉斯组织美孚石油，杜兰特推动200多家汽车企业合并为通用汽车）；要么则由主管部门通过行政手段推动两家或多家实力接近的企业重组为更加巨型的企业集团（例如原中国船舶工业集团有限公司与原中国船舶重工集团有限公司联合重组为新的中国船舶集团），或者将多家企业集团内部的同类资产置出合并为一家新集团（例如中国稀土集团有限公司），近年我国发生大量中央和地方国资系统内的重组整合浪潮。

3. 企业集团的内部经济效率决定其外部性价值的发挥

一方面，研究产业的演进规律和结构变迁有利于企业集团制定更加准确的中长期发展战略，并据此适时调整集团内部的产业组合与协同策略、投资组合与资本运作策略、业务发展方向与竞争模式选择等。

另一方面，若能够围绕对政府政策承接、产业结构变迁和产业要素配置的低效痛点来靶向优化提升乃至重构自身的组织功能、架构、运行，以及集团治理与管控的范围与模式，将有利于实现“外部低效痛点的内部高效解决”。若将这种集团内部组织的效率优势进行外部化，可对政策的高效落实和产业链运行效率的提升产生正向价值。那么对于这家企业集团而言，将可以在更广阔的外部领域表达，甚至贯彻自身的战略诉求、延展集团的边界、制定或输出有利于自己的行业规则，由此形成企业不断正反馈的“发展飞轮”。这与中小企业被动适应外部环境不同，大型企业集团将有能力塑造更大的生态，甚至反向改造外部环境。

我们举三类例子来说明。

示例一：由于我国的金融体系长期以来是以银行为主导而非资本市场，好处是可以迅速动员国内资源，推动大规模投资，但对于长期的配置效率和对小微企业的支持方面则存在较大的问题。而资本市场天然存在的大量非理性行为也常常导致资金与优质企业之间的错配；从全球发达国家和地区的主流资本市场的演进趋势看，资本市场的金字塔型结构效应明显（**目前中国资本市场也已从纺锤型变为金字塔型结构**），即少数塔尖公司获得巨量融资，市值不断增大，而小市值公司的再融资越来越困难。在这种背景下，企业集团内部资金配置和资本运营功能的形成可在一定程度上解决外部资本投入的低效问题。常见的做法主要有：一是内部资金管理集中化。通过设立内部资金结算中心或专门的财务公司等形式，实现以集团为主体的统一授信、统贷统还，最大限度提高企业资金使用效率，节约资金使用成本。二是内部投资多元化。通过内部资本市场将可控制资金在不同的投资项目间进行再配置，削弱企业总现金流的波动，为整个集团创造更大的价值。集团内部资本运营的方式依据不同标准有不同的分类，其基本方式包括：集团内部的交叉持股投资、委托贷款、内部担保、资产租赁、股权转让及属于资本配置行为的关联交易等。其中，成员企业占用集团内部资金的主要方式有：一是集团内资金借贷（委托贷款）；二是集团内担保；三是集团内交叉持股；四是集团内关联往来[①]。

示例二：2017年11月，国务院印发《关于深化"互联网+先进制造业"发展工业互联网的指导意见》，标志着发展工业互联网正式上升为国家战略。2018年后，国家层面密集出台与工业互联网高度相关的技术产业政策，在技术短板、发展路线、标准建设等方面均有相关描述。在接下来的几年中，一些制造业巨头迅速抓住政策红利，凭借其既已形成的强大集团经济优势，通过"+互联网"的方式迅速打造各自特色的工业互联网平台模式，并通过对外链接和赋能，迅速扩展其在工业互联方面的规模优势和范围优势，客观上为很多产业和区域的升级转型提供了支持。例如树根互联（根云平台）诞生于我国工程机械行业巨头三一集团，其各类基于工业互联和智能制造的服务产品通过集团内部打样成熟后开始对外输出，并升格为产业链级的平台。根据其官方介绍：截至2022年3月，根云平台已经接入各类工业设备90万台，并成功助力产业链生态打造了包括工程机械产业链、铸造产业链、注塑产业链、纺织产业链、定制家居产业链等在内的20个产业链工业互联网平台，赋能达48个细分行业，链接超7400亿元资产，为客户开拓年均百亿元新业务，减少不良资产总值达数十亿元，帮助客户以工业互联网平台为抓手，快速搭建起智慧产品、智能研发、智能制造、智能服务和产业金融的创新链，带动一大批上、下游企业完成数字化转型，助推中国制造业实现提质增效。再例如脱胎于中国家电巨头海尔集团的工业互联网平台卡奥斯，也在这几年取得了快速的发展。卡奥斯成立于2017年，是海尔集团推出的具有中国自主知识产权、全球首

---

① 王鹤：《国有企业集团内部资本市场配置效率探讨》，载《工信财经科技》，2021年第1期。

家引入用户全流程参与体验的工业互联网平台。基于母平台强大的开源生态和“1+X+N”平台架构，卡奥斯 COSMOPlat 持续深耕垂直行业，携手天原集团、青岛啤酒、奇瑞等龙头企业共建垂直行业工业互联网平台，与中小企业共享经验，共建行业生态，链接企业近 80 万家，服务企业 7 万余家，孕育出化工、模具、能源等 15 个行业生态。同时，卡奥斯 COSMOPlat 还携手政府探索城市数字化转型的工赋模式。

示例三：习近平总书记“两山”理念①的提出，以及 2020 年 9 月中国明确向世界宣告 2030 年“碳达峰”与 2060 年“碳中和”目标（简称“双碳”目标），“绿色”“低碳”“可持续”成了中国产业和区域增长模式转换的关键词。在这个大的政策目标下，各行业的头部企业集团成为具体落实这一目标的先锋队和主力军。例如，最近几年大企业、上市公司纷纷发布 ESG 报告②，同时将“减碳”作为企业未来发展的重要考核指标……这是通过企业集团经济的内部优势高效承接宏观政策落地的典型做法。

综上所述，讨论并研究集团经济的外部性特征对于建设中国式现代化经济和产业体系而言是非常重要的命题，是社会主义市场经济体制深化改革中的重要抓手。从第四章开始，我们将走进集团经济的内部，进一步分析研究如何打造一家具有持续生命力并实现高质量发展的企业集团。

---

① 即“既要绿水青山，也要金山银山”“宁要绿水青山，不要金山银山”和“绿水青山就是金山银山”。

② 所谓的 ESG，实际上是一种关注企业环境、社会、治理绩效而非财务绩效的投资理念和企业评价标准，其含义为 E（Environmental 环境）、S（Social 社会伦理）、G（Governance 公司治理）。

CHAPTER 4

4 第四章

集团经济模式与集团战略发展的底层逻辑

CHAPTER 4

目前关于企业集团化命题的讨论大多集中于对“组织”和“管控”的问题，并且形成了一些逻辑严谨甚至具有学术价值的成果或专著，例如迈克尔·古尔德与安德鲁·坎贝尔合著的《集团层面的组织设计》，中国人民大学王凤彬教授编著的《集团公司与企业集团组织——理论·经验·案例》和与赵民杰合编的《企业集团管控体系——理论·实务·案例》，山东大学陈志军教授著的《集团公司管理（第二版）》和《母子公司管理控制研究》等。

然而，关于“集团战略”这一更加重要且逻辑前置的命题[①]却鲜有有价值的著述。原因大致有三：一是目前主流的公司战略理论是将企业视为“微观经济体”并以“竞争”为研究的着眼点，最具知名度的非迈克尔·波特的“竞争三部曲”莫属了[②]。二是企业集团往往具有业务多元化、经营多域化、盈利多维化、管控多级化等复杂特征，的确很难抽象出一个具有经济学意义和普适性的设计模型和分析逻辑。三是集团经济是分析和构建集团层面战略的基础，而企业集团作为一类“中观经济体”，不但具有内部的经济运行节奏，并且同时受到外部宏观、产业和区域经济周期波动的影响，要想清晰理顺彼此间的互动与影响关系，本身就是一件非常复杂的工作。

接下来我将从中观层面对集团经济和集团战略的关系机理与内涵进行一些深入的阐述和讨论。

① 美国著名经济和管理学家艾尔弗雷德·D·钱德勒的经典论断：结构追随战略（以及结构反作用战略）。

② 历史上，战略管理大师们演绎了极为丰富的战略相关的理论流派，亨利·明茨伯格等在《战略历程：穿越战略管理旷野的指南》中将战略管理理论分为十个重要的学派。

ONE 一

什么样的“硬核”规律在决定企业的存亡兴衰

1. 生命、负熵与耗散结构

“基业长青”“百年老店”之所以成为企业管理学中公认的最高级命题之一，就是因为企业的“长生之谜”始终是管理学家和企业家们不断求索并渴望解答的终极疑问。

事实上，从嫦娥奔月式的上古神话传说，到秦始皇派遣徐福携三千童男童女赴蓬莱仙岛求取长生不老药的传说，再到今天现代生物科技雄心勃勃大比例延长人类寿命，“永生”几乎成为伴随着整个人类历史的终极追求。

如同生物体一样，企业、城市这类更加被复杂化的系统亦拥有着生命体的特征，遵循着生命式的存亡与进化的一般规律。

于是，物理学家、化学家、数学家、复杂系统学家们开始登场，试图从更加“本质”的层面解释生命体的底层“硬”规律。

诺贝尔化学奖获得者伊利亚·普里戈金（Ilya Prigogine）也曾经基于对耗散结构形成条件的描述来阐释生命体产生的奥秘，他写道：“生物和社会组织包含着一种新型的结构……社会和生物的结构的一个共同特征是它们产生于开放系统，而且这种组织只有与周围环境的介质进行物质和能量的交换才能维持生命力。然而，只是一个开放系统并没有充分的条件保证实现这种结构，只有在系统保持‘远离平衡’和在系统内的不同元素之间存在着‘非线性’的机制的条件下，耗散结构才能实现。”

显然，一个有生命力的企业必须要满足“耗散结构”的基本特征，一个企业只有开放才能获得发展，这种开放不仅是输出产品、输入原料，还涉及人才、技术和管理等各个方面。只有不断引进更优秀的人才和技术，不断更新设备，才能使企业充满生机和活力。归根结底，企业需要建设持久可靠的负熵机制，促成组织的新陈代谢。

近些年，“耗散结构”“负熵”等概念越来越深入人心，并作为企业经营管理者们所推崇的科学理念。任正非先生曾形象地说：“你每天去锻炼身体跑步就是耗散结构。为什么呢？你身体的能量多了，把它耗散掉了，就变成了肌肉，就变成了强健的血液循环系统，能量消耗掉了，糖尿病也不会有了，肥胖病也不会有了，身体也苗条了，这就是最简单的耗散结构。”“华为公司要想长期保持活力，就必须建立耗散结构，对外开放吸收能力，对内激发组织活力，不断推动公司健康发展。”

2. 从“规模法则”看企业集团化的演进规律

2017 年，圣塔菲研究所[①]前所长、世界顶级理论物理学家杰弗里·韦斯特在他 77 岁高龄之际，推出了备受瞩目的专著《规模：复

① 圣塔菲研究所（SFI，Santa Fe Institute）是位于美国新墨西哥州圣塔菲市的非营利性研究机构，世界知名的复杂性科学研究中心，成立于 1984 年，该所的主要研究方向是复杂系统科学。该所于 1984 年由乔治·考温、大卫·潘恩斯、斯特林·科尔盖塔、诺贝尔物理学奖获得者默里·盖尔曼、尼克·麦特罗博利斯、赫布·安德森、彼得·A·卡拉瑟斯，以及理查德·斯兰斯基等人一同创办。

杂世界的简单法则》[①]。圣塔菲研究所荣誉所长比尔·米勒盛赞他“如果有一个跨学科的诺贝尔奖，那韦斯特肯定是不二人选”。

这本书非常有趣，且洞见极为深刻。书中提出一个“核心规模法则”，而这个法则的厉害之处就在于，它只抓住一个非常简单的数学关系，就能确定生物体、企业和城市的命运，俨然成为决定生命体演化的源代码级别的“硬”规律。

所谓规模法则，就是指事物的某变量会与事物的规模呈现清晰的、通常是非线性的幂律关系。无论我们用什么指标来度量，如长度、身高、体重、人口数、员工数等，任何复杂系统都有其特定的规模尺度，并起到极其重要的作用，因为几乎所有的其他变量，包括生物体的代谢率、寿命、心率，城市的专利数量、犯罪率、基础设施数量，公司的资产、收益、成本、盈利等都与其规模形成了某种“神秘”法则。

那么，对于生物体、城市和企业，规模法则究竟是如何表达的呢?

科学作家万维钢在《规模》解读本中对这个规律做了归纳提炼，为方便表述，我们直接引用来说明这个道理。

要想让系统规模不断增长，汲取的能量必须大于消耗的能量。例如，生物体的“规模”是体重，“汲取的能量”是代谢率，“消耗的能量”是身体维护；城市的“规模”是人口，“汲取的能量”是城市产出，“消耗的能量”是基础设施；公司的“规模”是雇员人数，“汲取的能量”是销售额，“消耗的能量”是成本。

生物体、城市和企业的汲取能量和规模之间呈现不同幂函数关

---

① 〔美〕杰弗里·韦斯特：《规模：复杂世界的简单法则》，张培译，中信出版集团，2018。

系，但标度律（幂指数 k）不同。

对于生物体来说，k=3/4，这是一个亚线性关系，说明生物的能量汲取能力无法支撑体重的持续增长，所以长到一定程度就不能继续长了，只能停止长大，成熟然后衰老。

对城市来说，k=1.15 是一个超线性关系，说明城市创造财富的能力超过人口的增长速度，所以原则上城市可以一直发展壮大。只要有人口供应，只要地球资源够用，城市就永远不会“老”。更好的是，城市基础设施的标度律 k=0.85，说明城市不但可以一直长大，而且越大越环保。

那企业的标度律是多少呢?

书中统计了 28853 家美国上市公司的数据，发现销售额正比于雇员数量的 0.98 次方，即差不多 k=1，也就是线性关系。这说明，公司处在生物体那样的有限发展和城市那样的无线潜力发展之间。没有什么明确的力量推动公司发展得越来越大，也没有什么明确的限制要求公司有固定的寿命，公司的标度律正好处在发展的边缘。

但事实上，k=1 的情况主要存在于美国这种发达市场环境中的公司，而中国上市公司的 k 值为 0.8。也就是说，稍不努力，公司发展的标度律就会出现滑坡，公司的增长就会出现“天花板”。

读到这里，相信很多读者都会和我一样产生一个疑问：纵然杰弗里·韦斯特基于一个较大样本（28853 家美国上市公司）的研究推导出企业的“上限”（之所以说“上限”，是指这一数据来源于全球最发达经济体美国）标度律 k 约等于 1，但从企业个体而言，k 值有没有可能如城市一样大于 1 呢？毕竟企业与城市一样，都是人类文明的产物，本质上都属于“人造体”。

基于经验观察，我们看到很多企业如生物个体般在少则数年、多则数十年中经历创生—发展—成熟—衰退—死亡的典型生命周期，遵循了 k<1 的增长极限法则。同时我们也观察到一些大型控股集团或百年家族财团，虽也历经过若干次起伏乃至存亡危机，但也能屡次化险为夷并开启下一波继续增长的曲线，持续焕发生机。若从规模角度来看，处于“金字塔”顶端的那些巨型企业可谓已体量庞大、富可敌国，却似乎没有停下来的意思，或快或缓，规模依然在不断增长，顽强地向世人展示它们的 k 值是可以大于 1 的！

城市之所以能不断发展壮大，经久不衰，主要因为城市规模取决于其人口规模，人口规模的增长会指数级放大人与人之间的连接，连接促成创新。科技创新可以让城市生长偏离既定的生长轨迹，颠覆原有的社会经济生态，从而“重启”整个动力学过程，让整个城市进入另一个方程相同但参数不同的新动力学过程。尽管新的生长过程仍会趋于超指数的临界点，但它又会被另一次重大科技创新“重启”。拥有巨大创新力的城市会获得对人口流入的巨大虹吸力量，更年轻、更具创新力的人口不断涌入，更替淘洗掉原有的城市人口结构，如此循环往复，正向反馈，经久不息。这就是经济学家约瑟夫·熊彼特所说的颠覆式创新与超周期发展规律。

相较而言，生物体的生长有极限，是因为细胞一旦长成，基本上只会消耗维护资源，不产生新的东西。两个细胞不会发生连接，不会在生物体内爆发一次“革命”。随着近些年生物科技的进步，我们已经知道，在端粒的控制下，生物体的细胞分裂次数是有极限的，一般来说，这个极限值约为 56，被称为“海夫利克极限”。正是这种底层“硬”规律决定了生物个体无论从规模还是寿命都是有一定极限的。

回到企业组织，究竟是什么因素决定企业个体的增长标度律能够大于 1，并像城市一样，达到理论上的增长无极限呢？

我的答案就是“集团化”！

关于“企业集团”的最简化模型就是“总部 + 若干子公司”。而恰恰正是这种突破了单体形态的集团模式，推动企业组织从系统结构层面实现了进化，在承载规模更加巨量的资产和更多类型与数量的员工方面，较单体组织更有结构优势。这种组织形态进化带来的直接结果就是管理和经营的适度分离，即开始出现一个相对脱离具体业务的，以专注于长期战略牵引、资源集约共享、价值赋能、管理控制和主动推动结构性变革与组织进化为主要功能的管理总部，以及若干以获取利润为主要目标的专业经营子单元共同组成。虽然这带来了整个集团系统运行的复杂性，但是同时也带来了更多更好的发展可能性。

依据前述“规模法则”，我们必须看到：由于管理总部对基础管理职能和软、硬件设施的集中集约建设，使得企业对组织运行基础设施的投入与企业规模之间呈现亚线性关系，简单说就是更少的投入可以支撑更大的规模。更令人惊喜的是，企业的产出又和企业规模呈现超线性关系，即随着企业规模的扩大，其产出从理论上将有更大比例的增长。

由此可见，集团型企业从“规模法则”的特质上更加近似于城市，而非生物体。

我们可以从《规模》一书中看到对城市规模法则效应的直接具象描述：城市基础设施（加油站数量、道路总长度、水电煤管道总长度）与人口规模之间呈现亚线性关系（幂指数为 0.85）。同时，城市的产出和规模呈超线性关系（幂指数为 1.15）。打个比方，城市人口规模扩大 100 倍，其基础设施只需要扩大 50 倍，而城市产出却扩大了 200 倍。可见，城市越大越好，并且按照这个规律看，城市规模的增长没有理论的绝对上限（当然具体增速还会受到资源开发、科技水平、人与人连接网络等因素制约）——类似规律也体现于经营管控良好的企业集团。

事实上，规模法则不但有利于帮助企业寻找长盛不衰的奥秘，还有利于帮助企业降低发生系统性风险的概率。

马克·布查纳[①]在其著作《失效的科学：灾难是怎样发生的》一书中“残酷”地揭示了一个现实：至今为止，科学还不能有效地预测和控制灾难。

科学失效的根本原因在于灾难通常产生于复杂系统之中，而目前的科学手段尚未完全掌握复杂系统的运行机制。从著名的“沙堆实验[②]”中我们可以探寻复杂系统中灾难发生的大致原理，虽然我们都知道在临界点落下的那一粒沙子触发了整个沙堆的全面崩塌（就如同压垮骆驼的最后一根稻草），但我们似乎永远无法预测到“究竟哪一颗才是那粒致命的沙子”？

庆幸的是，虽然灾难难以准确预测，但人们还是发现了灾难的一个重要特征，即符合幂次定律。

幂次定律是指某种现象的规模越大，它发生的次数就越少。拿沙堆实验来说，如果某次崩塌中涉及的沙粒数目（规模）增加 1 倍，其发生的频率就会下降到 1/4。这个定律最早是由经济学家维尔弗雷德·帕累托提出的，它不仅对经济现象有效，几乎对生活中的各种现

① 马克·布查纳，美国理论物理学家、科学作家，美国弗吉尼亚大学理论物理学博士，研究领域为非线性力学和混沌理论。《自然》杂志编辑、《新科学家》杂志特约编辑、《纽约客》和《自然物理》杂志专栏作家。

② “沙堆实验”即让沙子一粒一粒地、不断地落到一个平面上，显然，沙子会慢慢向上累积，形成一座越来越高的“小山”。当然，事情不会永远这么发展下去。随着沙堆不断增大、增高，它的边缘会越来越陡峭，下一粒落下的沙子很可能会引起沙堆崩塌。

象都有效，比如说你不小心摔碎了一个盘子，你会发现，大碎片的数量要比小碎片少得多，而且每当碎片重量增大时，数量就会减少。

我们由此定律进一步推导：集团规模越大，其系统性崩溃的概率就越小[①]。这或许也侧面解释了企业“大而不倒”（当然这更多是一种夸张的修辞）的现象，以及企业朝向更大规模演进的原始冲动。

综上所述，“集团化”虽然给企业的经营管理带来更多更大的挑战，但却是理论上决定一家企业规模持续增长的必要条件。

① 或许有读者反驳：直觉上我们听到大企业破产倒闭的新闻更多。这主要源于新闻本身的筛选效应，大企业破产倒闭的影响更大、更吻合新闻的爆炸性传播需求，但并不能掩盖中小企业面临系统性垮塌风险的概率远胜大企业的基本事实。

TWO 二

从单体到集团，企业的扩张有边界吗

1. 从亚马逊看企业扩张边界

亚马逊从 1995 年的一个线上小书城起步，发展至今，企业帝国版图覆盖了除南极洲之外的六大洲，市值达到 10 万亿元人民币级规模，富可敌国。

亚马逊所控制的商业帝国俨然已经成了一个准国家性质的“经济体”。亚马逊的政治影响力不仅仅来源于其庞大的商业规模，更在于其强大的经济权力！

杰夫·贝佐斯对于亚马逊的定位是打造成一个能够给所有人、一切事物提供后勤支持的基础设施：“每件商品通过亚马逊流通的时候，亚马逊都可以‘收税’。比如说，一个商品在亚马逊的仓库里等待出售，商家得给亚马逊交‘租金’。如果商家想在亚马逊的网页上有更好的点击率，他们要付钱买广告位。商品卖出去了，亚马逊还得拿走一定比例的销售额。每件商品、每个流程，亚马逊都有可能获取一部分收入。有的人可能觉得对于商家来说，上亚马逊并不是唯一选择。若亚马逊的合作条款不合理，还可以选择别的平台。但实际情况是，亚马逊有各种手段可以施加压力。比如说，如果合作的商家拒绝接受新的条款，亚马逊可以把商家的物流延迟，让消费者拿到产品的速度变慢，或者改动代码，让用户在搜索该商家的产品时，搜到竞争对手的类似产品。”

可见，亚马逊早已突破经营一种业务或搭建一个平台的格局，而是在治理一个经济生态系统，或者说是一个叫作亚马逊的经济体。在“亚马逊经济体”中，不仅仅有基本的商业活动和管理活动，还充斥着大量的经济行为乃至政治行为。为了维持对“亚马逊经济体”的统治，杰夫·贝佐斯娴熟地运用着各种统治式的手段，推动其经济边疆的不断扩张。

虽然亚马逊对其经济体内部的统治是严格冷酷、恩威并重的，但却获得了民众和政府的高度信任，由此为自身成长营造了良好的外部宏观环境。

2018 年，乔治城大学做过一个民意调查，请普通人来评价 20 家政府、商业、学术机构的信任程度。调查结果发现，人们对亚马逊的信任程度几乎超出了其他机构，包括美国国会、FBI，甚至是美国的大学。

亚马逊不仅受到公众的信任，而且和政府合作紧密，这都给亚马逊提供了政治影响力。杰夫·贝佐斯的商业帝国对于美国社会的隐形影响力也许已经超出了不少美国的政府机构——这将进一步反过来支撑其经济权力的提升和放大……

如果把“500 强榜单”作为一个样本库，虽然每年都有新晋或落榜的企业，但总体来说，无论从营收、资产还是利润，亚马逊的规模都在持续增长。如果从企业的个体实践来看，亚马逊的案例也并不孤单——无论国内的华为、阿里巴巴、腾讯、小米、海尔，还是国外的谷歌、Meta（Facebook）、苹果。

我们不禁要问：企业的扩张有边界吗？

2. 理论骨感，现实丰满

在理论界，西方经济学家、管理学家对“企业边界扩张”的研究几乎从企业诞生时就开始了，最早可追溯至古典经济学派代表人物亚当·斯密的分工学说：企业存在的经济学意义是通过分工协作实现生产效率的提升。马克思进一步指出：如果生产场所扩大了，就是在外延上扩大；如果生产效率提升了，就是在内涵上扩大。新古典经济学派奠基人阿尔弗雷德·马歇尔进一步从技术角度定义企业边界，将企业视为一组技术上的生产函数。循此逻辑所形成的一系列理论与学说，解释了企业横向进行规模扩张的动因（规模经济）。

在横向规模扩张阶段，企业可能伴随一定程度的多区域、多产品、多品牌特征，甚至组织结构上开始呈现事业部或分、子公司的划分，但考虑到其资源资产、管理体系和知识经验等的同一性，在组织性质上还保持着单体企业的特征，或者处于从单体企业向典型集团型企业演变的过渡态。

再后来，1937 年，新制度经济学派代表人物罗纳德·哈里科斯发表了那篇石破天惊的论文《企业的性质》，开创性地提出以“交易费用”作为“抓手”来研究企业与市场的关系、企业存在的意义，以及决定企业边界的因素。随着奥利弗·E·威廉姆森、张五常、杨小凯等经济学家的深化和改进，相关理论日趋完备，并较好解释了企业集团沿产业链进行纵向扩张的动力和边界问题。

在现实的战略决策中，企业集团决心向产业链上、下游进行扩张（投资、并购、联盟）的过程中，“交易费用”自然是其决策的重要依据，但最终的目的还是希望通过将产业链上、下游相关环节“内部化”，以实现企业自身在战略性业务或产品上的规模优势，以及据此形成的市场竞争力。

这一阶段，企业的集团化特征越来越明显，但总体呈现的结构特征为 1 家核心企业通过产权或长期契约链接 N 家产业链相关企业所形成的联合体；此时往往还没有真正意义上的管理总部，而主要依靠核心企业实施“长姐代母”式管控。

随着企业在某一类业务或产品领域巩固了一定优势之后，多元化的扩张冲动随之而来；“范围经济（Economies of scope）”的理论解释了这一阶段企业边界扩张的经济学动因。

20 世纪 80 年代，泰西、保扎尔、威灵，以及钱德勒等学者提出“范围经济”的概念，解释了企业集团多元化扩张的行为逻辑。范围经济理论研究企业生产或经营的范围与经济效益之间的关系，描述了多元产品生产企业的经济性。

这时，企业的集团化发展模式和结构演变也进一步深化和复杂化。从组织架构上，开始追求范围经济优势的企业集团通常开始蜕变出一个相对脱离具体业务经营的专司战略投资、资源配置、协同赋能和跨层级管控的管理总部①。

若从某个静态时点来看，一家企业集团的资源和能力是有限的，故战略决策的要点在于规模经济与范围经济之间的平衡，毕竟鱼和熊掌不可兼得。然而，如果以动态的视角来看，企业所拥有的资源和能力也会发生变化，那么企业集团的战略决策需要更加关注自身规模经济与范围经济的阶段性侧重和跨周期互促与转化。

诸多流派的理论和观点由此形成，例如资源基础论学派、核心能力学派、动态竞争学派等，力图解释日趋丰富的商业实践和企业行为。

① 关于企业集团总部（母公司）的功能与价值，我们将在第五章中进一步深化阐述。

然而有趣的是，正当经济学家们兴致勃勃地论证哪里才是企业扩张的最优边界时，企业家们却并不是这么想的。

甚至说，对于拥有雄心的企业家而言，似乎不太乐意讨论所谓的“企业边界”问题。我们看到当今企业巨头的规模虽已经“巨可敌国”，但它们依然努力地希望保持持续的增长；虽然它们有时在遭遇内、外部危机时会被迫采取阶段性收缩，但从其主观意志上却从未言败，或从未甘愿接受其可能遇到了扩张边界的“事实”。换言之，所谓“企业抵达了其扩张的边界”的理论推演在现实中常常被无视，企业集团的宿命往往是要么持续扩张，要么“死”，似乎极少会出现企业集团扩张到某个静态的边界后便维持一种持续的均衡态（**事实上，所谓“均衡态”可能并不存在，抑或极不稳定，不断涌入的竞争对手和颠覆性的外部力量会逼迫企业不进则退**）；相反，选择维持某一安全规模过“小日子”的企业往往被诟病为不思进取或缺乏勇往直前的企业家精神。

我观察到，在真实场景下的企业决策过程中，是鲜见其真正运用前述理论进行指导并做出所谓“最优”决策的。一方面是因为复杂环境使得企业家只能做到“有限理性”，另一方面是企业家在决策时还常常依赖无法言明的直觉和感性。

与自然科学通常以理论指导实践不同，人文社会科学常常是实践牵引理论。与自然科学往往追求“唯一解”不同，经济学、管理学由于“人”这一最大的变量，往往会并行存在“多元解”，由于人类活动的多样性、复杂性和不确定性，甚至不同“解”之间还会存在矛盾和互斥①。

---

① 一些学者尝试运用“复杂科学”相关理论来解释大型企业集团的经济行为，我在专著《百年：如何建立一个伟大并长盛不衰的公司》和《大转型——互联网时代的传统企业进化之道》中也有相关论述。

然而，有一个趋势是较为明确的：对于本书所重点研究的集团型企业而言，其发展已逐渐超出仅仅作为一个“资源配置的效率系统”的范畴，已超越如单细胞生物般对市场压力的应激性反应阶段，开始进化为一个内部构造越来越复杂，且具有强烈主观意识及某种坚定价值观和道德标准的“目标系统”。对于这类企业，所谓的“边界”问题几乎不会成为它们的发展选项。增长，更确切地说是“进化式的增长”才是它们乐于探讨的永恒话题。

在强大不竭的扩张欲望下，关于企业边界的探讨已经不能仅仅停留在观察其营收、资产、利润等经济指标，不能仅仅停留在市场竞争层面，其疆域和竞争手段已经扩展至产业和社会。尤其借助互联网、大数据、人工智能等科技力量，它们甚至力图在自己的“帝国”内建立“游戏规则”，从亚马逊、谷歌、苹果等公司的发展实践中可见一斑。

3.“平台经济”崛起

正当经济学家和管理学家们还在孜孜不倦地完善传统经济学理论“大厦”的时候（更准确地说，已演变为经济学理论的“丛林”[①]），随着信息和互联网技术的突飞猛进，人类社会又一股脑地扎入了万物互联时代。

如果说早期电子商务阶段的经济规律还大体延续了大工业时代的总体特征，那么随着移动互联网、大数据、人工智能及最近兴起的元宇宙大幕的徐徐拉开，人类社会的经济活动和企业功能与形态正在发生革命性的新变化。

---

① 借用哈罗德·孔茨（Harold Koontz）点评“管理理论已出现一种众说纷纭、莫衷一是的乱局”，传统经济学的研究似乎也进入“内卷”之势，各种概念、学说林立。

其中一个最突出的特征就是“平台经济”的崛起。这对于人类经济和商业活动的颠覆式影响无异于一次新的“大航海时代”，旧式企业帝国的疆界被瓦解，它们被迫衰亡或痛苦转型，同时具有互联网基因和平台优势的新式企业帝国正不断迅速崛起。

运用工业资本主义时代的经济学理论框架较难完美解释“亚马逊们”的特征与实践，因为这些诞生于互联网时代的企业具有全新的运行逻辑和经济特征，即所谓的“平台经济”。目前关于平台经济的相关理论研究还并不成熟，尚未形成被普遍认可和接受的主干理论，甚至各派经济学者的观点还存在重大分歧。

结合相关学者的研究，我认为：平台（Platform）是一种由互联网相关技术支撑、由数据和算法与算力驱动、打通虚拟与现实世界并最终以促成双方或多方用户完成更高效匹配交易的全新市场。

“平台”既拥有比传统市场更高的交易效率、更低的边际交易成本、更强的规模经济（近乎为零的边际链接成本）和范围经济（近乎无半径的沟通链路）特征，同时又随着基于数据的算法和算力的几何级数提升，将在更大程度上实现交易行为的预判和协调，传统市场里所谓“看不见的手”愈发变得可视与可控，这也为平台控制者实施所谓的“新计划经济”带来一定程度的可能性[①]。

平台经济学（Platform Economics）是以广泛存在的平台为研究对象，以契约理论、网络外部性理论、双边市场理论、博弈论等为理论基础，以发现平台产业的自身规律和推动平台产业健康、健全发展为主要目标。

---

① 大数量级的人类行为至少在可见的未来无法完全被智能化技术所完全精确描述和控制，故“平台”不会走向完全计划经济的单维世界，市场那只“看不见的手”依然会发挥主要的作用。只是与传统市场相比，“平台”将在很大程度上放大“计划”的边界。

徐晋、张祥建等学者认为：平台经济学就是研究平台之间的竞争与垄断情况，强调市场结构的作用，通过交易成本和合约理论，分析不同类型平台的发展模式与竞争机制，一并提出相应政策建议的新经济学科[①]。

从演化趋势来看，平台经济正在从传统零售业企业转型驱动的早期电子商务阶段，跃迁为由互联网公司操控的基于数字经济和智能算法为特征的全新商业模式，未来将进化为由数字技术支撑的、全体产消者共建的、可与现实世界交互的“元宇宙”虚拟世界。截至目前，人们还无法完全预测“元宇宙”究竟会演化为何等模样，但种种迹象表明，这一全新的人类进化纪元正在徐徐拉开巨幕。

① 徐晋、张祥建：《平台经济学初探》，载《中国工业经济》，2006 年第 5 期。

THREE 三

什么在驱动集团经济的运转

不论是马克思认为的“分工决定交换”，还是亚当·斯密认为的“交换决定分工”，有一点是明确的：“分工”与“交换”是一切经济行为的基石。

在研究企业集团行为的时候，有人将其视为一堆业务或资产的组合，也有人视其为一组能力的组合；但我认为，抽离掉有形的样态，企业集团本质上是一组不同属性的资本要素组合与流动的函数，通过分工提高效率，通过交换加速流动，最终目的是实现资本的循环和增值，如图 4-1 所示。

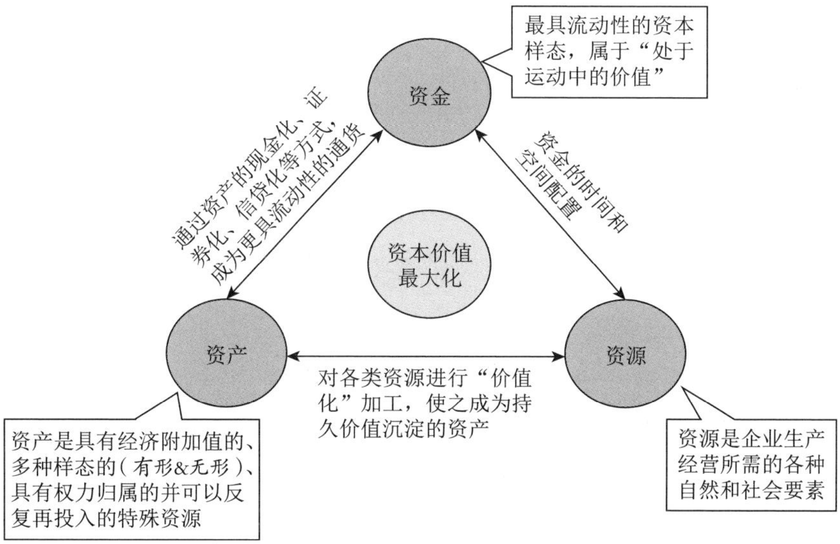

图 4-1 资本的循环和增值

1. 资本“永不眠”

在资本“永不眠”的循环过程中，是“分工”与“交换”带来了不竭的动力机制，在这种驱动机制下，资本永远朝向最具增值可能性的环节和样态进行流动和转化。故企业集团逐步成长和发展的过程本质上是资本不断“集聚—分工—交换—再集聚”的轮动上升过程。我们知道，一个完整的产业链基本由四类资本进行驱动，即金融资本、科技资本、工业资本、商业资本。

在资本主义发展的早期，由于生产规模不大、技术门槛不高、市场范围狭小、货币投入量不大，当时产业资本的分工并不明显。随着工业制造规模的崛起，产业主要体现为依靠工业资本不断地集聚来推动[①]，进而大工业时代到来。

后来，随着市场范围的扩大、商品流通量的日益增加，需要建立庞大的商业机构、营销网络，需要雇佣商务代理人和大量商业店员。产业资本家仍坚持自产自销，不可避免地会增大商业开支，减少生产领域中的资本投入，降低利润率水平。在这种情况下，由于商业资本专门从事商品买卖，具有产业资本家所不具备的商品流通方面的特有优势，产业资本家会把商品流通的业务专门交给商人去完成，使商品资本职能从产业资本中独立出来，成为商业资本。

从资本主义向垄断资本主义过渡中，随着工业资本不断集中并走向垄断，银行也不断进行着资本的集中并走向垄断，进而形成了相对独立并强大的金融资本。当今证券及其他非银行金融机构的迅速发展拓展了金融资本这一概念的外延。其一，指用于增值的货币（资本）

① 工业资本的广义外延也包括农业部门的资本。马克思指出：“就‘范畴’的意义来说，租地农场主和工厂主一样，也是工业资本家。”（《资本论》第 1 卷，第 818 页，人民出版社 1975 年出版）

本身。这些货币以与用于工业、商业中的货币不同的特殊方式，即通过货币本身的周转增值自身，中间不会转换为生产资料制造商品，也不会通过买卖一般商品赚取差价。它主要的增值手段是利息收入。其二，指那些掌有大量货币并将其（部分地）用于金融资本用途的企业及机构，如商业银行、投资公司、资产管理公司及基金保险公司、金融集团、证券公司、投资银行等。

再后来，人们发现，科技创新成为推动每一次生产力进步和经济周期更迭的革命性力量，越来越多的资本开始向科技研发环节集聚，进而分离出相对独立并越来越强大的科技资本力量。科技资本是指一组在生产、工艺和支持领域内可再生的能力，其显著的表现形式是专利、专有技术等知识产权。技术资本对产品或服务有直接的支持作用，其物化表现就是“创新资本”。新主流经济学认为，“物品的产量共同地取决于所有被使用的投入品的数量”，即只要投入一定生产要素，在正常情况下总可以获得一定产出，产品的价格大多以成本为基础，一般资本的生产正是这样。技术资本则不同，技术资本的形成过程中，投入与产出不具有对称关系。技术成果的生产是以智力为主的精神创造活动，是信息构建活动，投入的是庞杂的散乱信息，生产出来的却是新颖的、可以用于明确目的并能与一定的物质条件相结合而产生巨大利益的信息，它与投入的劳动及时间、资金等并不具有对称关系，技术成果能否研制成功或能否生产更多，在很大程度上取决于科技人员的知识水平、知识结构及研究集体的智力构成等。正是由于形成过程的不同，才导致了技术资本具有不同于一般资本的特性。

当国家资本主义时代到来，“金融资本 + 工业资本 + 商业资本 + 科技资本”的超级融合成为发达资本主义国家的主要特征，各个国家由于其演进的历史阶段和自身的资源禀赋不同，体现出发展次序和节奏的不同。以日本为例，与欧美国家不同，其最初是由逐步集聚的商业资本率先驱动的，具体表现为以跨国商贸业务为特征的大型综合商社，这主要是因为日本作为一个岛国，自身自然资源相对匮乏，原料和市场两头在外，故而综合商社所代表的商业资本在日本经济发展早期扮演着主导角色。后来在商业资本的驱动下，日本的大工业制造力量迅速崛起，资本大量流入工业领域，带动了日本国力的崛起。同时综合商社通过对制造企业的广泛投资和参股、控股，形成对制造环节的控制。再后来，金融资本开始壮大，并与商业资本和工业资本融合形成了今天的若干超级财团，例如三菱、三井、住友、芙蓉、第一劝业银行、三和这六大垄断财团掌握着日本的经济命脉，控制着日本的大量公司。

2. 集团经济框架下的资本组合与动力机制

随着企业集团边界的不断发展扩大，上述各类资本要素也开始在集团内部不断集聚、分工、融合并轮动地驱动企业集团的发展和演进。集团经济体系的资本象限如图 4-2 所示。

换言之，我们在分析一个企业的集团经济特征时，要弄清楚集团框架内各类资本要素的组合和运行规律，它们各自的涌动和交互关系形塑了企业集团发展和进化的动力机制。

广义上的产业资本在历史演进中逐步“分工”，形成了四类基础资本形态，即金融资本、工业资本、科技资本和商业资本，我们可称其为一级资本形态。

资本的天性是在运动中追寻剩余价值，而决定价值的两个基本影响因素是风险与周期。不同类型的资本对于风险和周期的偏好是不一样的，具体如下。

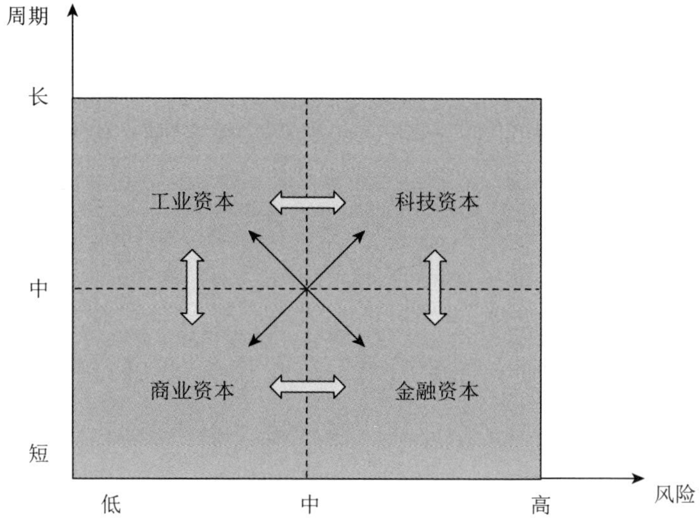

图 4-2 集团经济体系的资本象限

（1）金融资本的本质是对价值的发现和配置。

其二级资本形态包括货币、债券、股票、基金、期货、信托和外汇等。其运作特点表现为高周转（即强调中短周期的回报）和高收益（即意味着风险偏好度较高）。

（2）工业资本的本质是对价值的组织与生产。

其二级资本形态包括有形的土地、设备、劳动力等，以及无形的品牌、管理、企业文化等。其运作特点表现为重资产布局（中长期的回报）和稳定持续经营（对高风险的厌恶）。

（3）科技资本的本质是对价值的转换与创新。

其二级资本形态包括知识产权（专利、著作、商标、IP 形象等）、技术工艺、Know-how、信息、数据、科技人才等。其运作特点表现为重视知识的长期积累和遵循技术进步的规律（即科技研发的本质对时间函数的长期持续投入），以及追求突破性的重大科技成果转化所带来的超高收益（科技研发的高失败概率意味着高风险）。

（4）商业资本的本质是对价值的交易与变现。

其二级资本形态包括商品、资源、渠道、网络、媒介、服务等。其运作特点表现为强调高周转（短周期）和稳定的收益（低风险）。

工业资本、科技资本、金融资本与商业资本由于各自偏好和自身规律特征的不同，各自行为模式也不同，进而表现出各自周期波动的不同，彼此交叉互动并在宏观层面上形塑了整个经济的周期性起伏。反过来看，社会总资本又会在宏观经济周期波动的不同阶段有意识地侧重流入产业链的不同环节，这又会加速、延迟甚至一定程度上异化各自的行为，导致阶段性或局部的混沌，情况严重就会造成重大经济危机。

企业集团的经营本质是上述一类或几类资本形态的组合和运作，由于企业集团的各项行为往往是在一个威权型总部的整体谋划和调度下展开的，故而集团内部的各类资本要素是在一个共同意志和组织机制下有目的地流动，这是与外部市场中自由资本的行为特征所不同的。

随着自身业务的多元化布局和频繁的外延收购，不但集团的资产规模会迅速膨胀，其内部的经济元素也会越来越复杂，故如何设计好集团多层级的治理和管控体系，有效且安全地驾驭集团内、外部的复杂运作，同时依然保持足够的组织效率，成为这一阶段的重大挑战。

集团战略与集团管控的设计要诀就是要将自身周期和宏观经济周期形成良好的匹配，即在外部宏观经济周期波动的不同阶段恰当地选择或调整自己的发展定位和发展模式，不断提升自身的竞争优势和“反脆弱”能力，目的是在宏观周期的上升期实现冲浪式发展，在宏观经济的下行期保障生存安全，甚至逆周期布局和预埋，最终实现穿越周期、持续发展与进化。

3. 坚守集团经济“底色”

通过大量的案例研究，我们几乎可以得出结论：被时间验证过的优秀企业，一个必要的成功条件就是在一个完整生命周期内清晰明确并坚守自己鲜明的经济“底色”特征。虽然其在抓取外部机遇或应对风险的过程中可能灵活采用乃至融合其他象限的资本要素，但从其内在的精神风格到其外在的组织特征，都坚持在其“底色”的基本规律下行事。

我们将图 4–2 做略微改造，可用来说明集团经济演进过程中“底色”的问题。WSK 集团经济“底色”模型如图 4–3 所示。

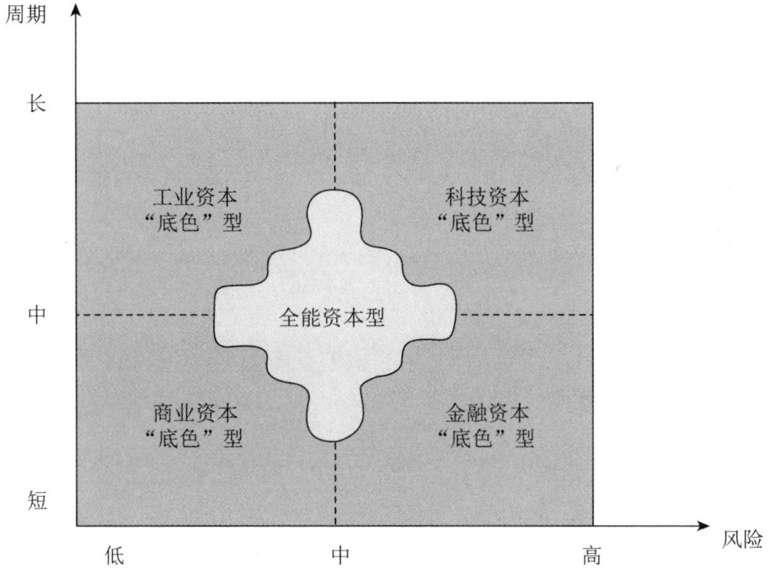

图 4–3　WSK 集团经济“底色”模型

集团经济“底色”的本质其实是不同类型资本特征与规律[①]和集团组织模式与核心能力之间的匹配关系。

① 参见本章第一节相关内容。

一家企业经过多轮周期的淘洗，躲避掉数轮“死神镰刀”的收割而存活至今，必定有意或无意间遵循了某种客观的规律，并围绕这种规律锻炼出了强健的组织体魄，形塑了鲜明的组织性格。虽然由于企业在行业属性、地域属性、业务属性、所有制属性，以及组织文化模式属性的差异化表现出丰富的物种多样性特征，但归根结底可归纳为“4+1”的基本类型，即工业资本“底色”型、科技资本“底色”型、金融资本“底色”型、商业资本“底色”型及全能资本型。

不同的经济类型匹配着差异化的经济运行偏好和行为特征，意味着不同经济“底色”的定位对企业组织体系（功能—结构—运行）的一致性设计（具体表现为决策偏好、发展模式、组织功能、组织结构、运行机制、人才要求及企业文化等）要求是不一样的。反言之，企业只有做好“一致性”的设计和管理，才有可能最大限度降低内部的混沌，并在驾驭多元复杂经济要素上始终保持结构上的一致性效率，持续获取集团经济优势。

（1）从周期维度来看。

工业资本“底色”型企业和科技资本“底色”型企业由于追求的是中长周期的回报，这意味着他们更加注重中长期的战略规划。而其在自身发展模式上更加侧重于对某一领域的长期聚焦和持续的能力积累，这就使得这两类企业会优先追求规模经济效益，并只有在某一领域率先获得规模优势之后才去考虑相关多元化，进而获取范围经济效益，不能搞错次序。长期来看，这两类企业在集团化后最好不要在范围经济（多元化）维度走得过远，必须在集团经济模式的设计逻辑上确保能够持续将已获得的范围优势转化为战略性主业（从一个到多个）上的规模优势才行，而合理的多元战略布局可以在更大程度上抵御或熨平单一行业周期波动造成的风险。在产业链攻略上，二者更倾向于做纵向拓展，并更加容易在商业模式和业务逻辑上结成更加紧密的协同关系，相互延伸和渗透。

商业资本“底色”型企业和金融资本“底色”型企业则不同，这两类资本的收益偏好于中短期的回报，战略规划周期也相对较短；从一开始便以追求范围经济作为主要的增长方式，它们不会长期留恋于某一特定的领域，而是哪里有快速变现的机会就奔向哪里，抑或是干脆自身变成一个链接和汇聚大量分散多元需求与供给的交易撮合平台（例如今天的电商平台和互联网银行）；只有将范围做广才能快速带来流量和更多的盈利机会，进而快速扩大规模。在产业链攻略上，二者更倾向于做横向拓展，同样更加容易在商业模式和业务逻辑上结成更加紧密的协同关系，相互延伸和渗透。

（2）从风险维度来看。

对于工业资本“底色”型企业和商业资本“底色”型企业而言，低风险的偏好要求他们都共同追求供应链的稳定性，它们的经济行为主要是生产和交易具有使用价值的商品或服务，故对空间上相关产业要素的集聚和交易半径依赖性很高。由于附着在商品和服务上的使用价值天然具有时间折损的特征，所以二者同时要求有更高的周转率。二者追求的是相对稳定而持续的收益，管控更突出集权和穿透，考核更注重过程性；二者常常通过构筑彼此长期的联盟协议以保持这种稳定态势。

而科技资本“底色”型企业和金融资本“底色”型企业则不同，高风险、高收益的特征使得它们往往容许组织有更高的容错率和风险接受度，管控和考核更注重结果。组织层面更强调相对的自主性和分权特征，然而，自主与分权并不意味着总部要做“甩手掌柜”，而是更加强调风控导向的合规流程与制度体系建设，要求组织行为必须遵循内控的程序和标准。二者偏好于更轻的资产运营模式，更突出人才的创造性和人力资本的价值，高素质专业人才的占比往往更高。

当然还有一类特殊的集团经济类型，即全能资本型企业。这类企业往往是多轮周期波动淘洗下的极少数成功者，它们至少已经在两个以上的象限构筑了强大的竞争优势和“护城河”。更重要的是，这类集团的母公司已经具备了多种资本的超强驾驭和融合能力，甚至成为全能资本运营的高手。在这类集团内部，常常同时具有不同“底色”型的子集团，这需要精心设计差异化的组织模式和管控模式，既要做好彼此的协同，又要注重设计好各自的行为边界和风险隔离机制，避免局部风险迅速传导为系统风险。

必须要特别强调的是，全能资本型企业集团往往无法仅依靠自由市场的力量在较短的时间内产生，而必须同时借助政府乃至国家的力量，其中相当一部分还具有比较明显的百年家族式传承的特征。典型的代表包括美国的洛克菲勒、摩根、杜邦等财团，欧洲的罗斯柴尔德、曼城阿布扎比、阿涅利等财团，亚洲的三菱、三井、三星等财团。一般来说，全能资本型企业集团是在国家资本主义出现后的时代产物。

4. 集团战略的核心是对集团经济模式的构建

识别上述规律对于企业集团正确制定战略、科学设计组织及从事高效的经营管理行为是非常重要的。

其一，企业的集团化早期应该思考并确立自己的经济“底色”，这直接决定该企业集团“主属性”，进而决定其中长期发展的逻辑主线和组织体系设计原则。一旦战略上确立自身的“底色”，要始终保持清醒与理性，避免多元化导致的“底色”模糊与失焦；很多在集团化早期夭亡的企业就是掉进了“底色”模糊的陷阱。

其二，企业集团在外延式扩张期，需要遵循科学的逻辑规律，依次向其他经济要素象限轮动布局，目的是围绕“底色”构建进化螺旋，并最终闭环反馈持续促成“底色”能力的升级和迭代。在集团边界的扩张逻辑上，相邻象限更适合作为集团业务的延伸和能力的迁移之地，但前提是该企业必须在其“底色”象限内形成了足够的竞争优势和相对牢固的竞争壁垒。而作为对角线的两个象限之间，迁移的难度更大、风险更高，操作不当极容易造成致命的集团内部系统性风险，导致转型失败。

其三，集团的经济“底色”可以迁移吗？理论上是可以的，但要参考几个重要条件：① 企业是否正在经历重大的环境变化或周期切换的危机？② 是否具有一位有雄心、有魄力的铁腕领导，并在专业参谋机构的辅助下领导这次变革？③ 要特别注重新经济“底色”所要匹配的“上层建筑”的预设计，既包括组织架构、制度流程等硬结构，又包括价值观、文化和人心共识等软结构。④ 要对可能出现的重大风险作出充分的预估和预案，清晰划定风险底线。

其四，企业集团长期演化的趋势是构建覆盖四类象限的完整战略版图，以保持有足够的能力应对短、中、长各类宏观经济周期波动和叠加的风险，使自己拥有更为广阔的腾挪空间，保障自己在最严峻危机来临时的最大生存概率。当自身实力和影响力足够强大时，甚至可以反向影响甚至改造外部的环境，并引导其朝向更有利于自己的方向演变。这正是超大型企业集团全力朝向“全能资本型”升级进化的内在动力。

其五，对于跨象限经营，尤其是“全能资本型”企业集团而言，最重要的战略命题将不再是“强调增长”，而是“防控风险”。前文提道，因为集团内部的经济主体和经济要素越来越庞杂，原本外部性的风险开始内部化，并极容易从局部风险蔓延成系统风险。这无疑对该企业集团的治理与管控提出了极高的要求。同时企业要确保集团内部经济运行与外部宏观经济周期之间的“温柔”共振，既要避免在宏观周期上升期过度冒进，又要避免在宏观周期下行期“硬着陆”。

FOUR 四

持续进化，穿越周期

1. 万物皆周期

（1）从宏观周期到企业生命周期。

人们在研究国家、人类、地球生态这样的复杂巨型系统时获得了一个重大的发现：在看似杂乱无章的现象背后，似乎有一种从宇宙大爆炸开始就蕴藏在每个粒子中，却又在宏观尺度上规律地、节奏地表达着某种循环往复的波动，人们把它称为“周期”。从日月星辰的天体运动周期到远古先民通过劳动总结出的农业周期，从封建王朝的荣衰更迭再到工业革命以来反复轮动的各类长短嵌套的经济周期。

用一句有哲学意味的话来总结：万物皆周期。

对于“周期”的发现或许可视为人类最伟大的认知成就之一，当我们回溯人类历史，可以在这条逆向的时间轴里从历史事件中抽象提炼归纳出基于不同时间尺度、不同动因驱动的周期波动，这些波动不是杂乱随机的，而是基本呈现出“繁荣—衰退—萧条—复苏”的大致规律。

研究“周期”的更大意义则在于：了解自己在大周期中所处的阶段与位置，识别推动大周期运转的主要动因及潜在风险，并针对性地做出明智的决策和应对预案，在每一次的轮回中努力推动人类走向进步而非倒退！

在国内，2022 年关于“周期”研究的各类著作中，最热门的大概就是著名全球资产管理机构桥水投资公司创始人瑞·达利欧的畅销书《原则：应对变化中的世界秩序》[①]了。该书从过往 500 年的人类历史中总结提炼出一个独特的周期模型[②]，并且运用此模型深入分析了中、美、俄等主要国家的当下周期坐标及演进趋势。

在达利欧看来：美国已经处于自身大周期中约 70% 的位置，也就意味着，美国已经处于内部秩序和混乱周期的第五阶段后期。虽然美国还没有越过界限进入第六阶段（即内战 / 革命阶段），但其国内冲突激烈程度日益加剧。虽然美国在未来 10 年里陷入第六阶段的可能性只有 30% 左右，但在达利欧看来，这一风险已经相当高，这无疑极大程度上考验着美国体制的韧性。相对应的，达利欧认为中国则处于周期的第三阶段，即和平与繁荣阶段。达利欧说，中国取得了历史上最快速的进步，基本生活条件迅速改善，塑造强大国家的种种要素明显攀升，是一个不断发展的大国；对中国来说，大周期看起来是有利的。

黄奇帆也认为：未来的 30 年是中国巨大的战略机遇期。2008 年全球金融危机以来，美国不断扩张债务上限，超发美元，短期看似乎刺激效果不错，但从百年周期律来看，美国已经进入债务周期的后半程，美元价值的毁灭正在进行中，未来很可能会给全世界带来巨大的动荡。世界需要新的负责任的领导者。中国要建立可信赖的货币体

① 〔美〕瑞·达利欧：《原则：应对变化中的世界秩序》，崔苹苹、刘波泽，北京，中信出版社，2022.1。

② 在研究中，达利欧系统性地总结出“3、5、8 和 18 个决定因素”的框架型知识体系，也就是“3 大周期”“5 大力量”“8 个可以衡量国家实力的指标”，以及模型所包含的所有“18 个因素”。

系，塑造更具责任感的国际形象和兼容并包的文化，在大国的博弈中实现历史性超越。

2020 年突发的新冠疫情至今仍在全球范围内造成巨大影响，这虽然不是本书讨论的重点，却似乎又无法绕开。关于这次波及面如此之广、影响力如此之大的全球大“瘟疫”究竟会对全球经济的冲击、世界格局的演化和人类未来的走向产生何种深远影响，目前学者们争论不断，基本呈现出两类截然不同的观点：一派悲观地认为这次疫情将会造成世界秩序的“大断裂”，“原有的世界经济系统已经关闭”；另一派则相对乐观，认为“疫情不会逆转大趋势方向，只起到激化作用”，此为“大加速”观。然而，由于我们此刻正身处旋涡之中，是难以做出一个完美的上帝视角般的预判的，或许只能等待后世的历史学家来总结。但有一点我们是可以确认的：驱动大周期演进、世界格局及全球经济发展的根本动力是人类生产力的进步。人类要想彻底摆脱当下的困境和矛盾，归根结底需要呼唤一次生产力的大革命！

拉长视角从人类演化周期来看，全人类正在进入新一轮的“马尔萨斯陷阱”，即人类现有科技和生产力的水平越发难以支撑全球人口的几何式增长所带来的需求大爆炸。这似乎是人类在超长周期的大历史进程中无法摆脱的规律，每当技术革命步入尾声，技术扩散红利衰退，世界陷入低增长，人类便滑入“马尔萨斯陷阱”。千禧年之后，第三次技术革命红利逐渐消失，互联网、大数据、量子计算、人工智能、无人驾驶等技术革新似乎只是在“工程”层面对现有生产力进行优化，而基础物理学自波尔、爱因斯坦以来一直没有根本性的重大革命。就像刘慈欣在其科幻巨著《三体》中描述的场景一样，人类已经进入一种虚假的泡沫式繁荣，世界经济步入漫长的低增长纪元，并周期性地反复遭遇由于泡沫破灭所引发的连锁危机之中；而当人类好不容易爬出上一个泡沫坍塌的泥潭，又被裹挟到另一个被吹起的泡沫之中。其场景像极了希腊神话里每天推石头到山顶后又不断跌落的“西西弗斯”。

本书将集团经济置于“中观维度”进行探讨，显然研究这个命题必须站在人类生产力周期和全球宏观经济周期的演变规律之下进行。而研究集团经济的内、外部规律的核心目的之一是指导企业持续穿越周期，呈现生命般伟大的进化！

“企业生命周期”是管理学的一个重要命题，相关的著述和研究成果也非常丰富。诚然，企业作为一种“人造生命体”，确实具有和自然生命体相似的演化特征[①]。但是，如果不把企业放置到一个更大的环境背景中研究，是很难真正窥探到企业长生规律的。所以对于企业个体而言，了解优秀百年企业的成功经验固然重要，但更要知道为什么更多企业无法成功穿越宏观环境的周期变化。所以，研究个体生命周期和外部环境周期之间的波动与匹配关系，对于企业长期可持续发展而言是至关重要的。

唐代罗隐在《筹笔驿》中云：“时来天地皆同力，运去英雄不自由。”

（2）企业兴衰的最大挑战：穿越周期。

2019 年 6 月，GE 被移出道琼斯工业指数，成立于 1892 年的 GE 不得不接受这份耻辱，走下“神坛”。

人们将 GE 的陨落归纳为几个重要原因：GE 金融的倒掉、盲目的并购、业务的过度庞杂及大企业病等，甚至还有人指向一个直接的原因——杰克·韦尔奇选错了接班人（杰夫·伊梅尔特）。可如果从“大周期”视角来审视，背后的原因和逻辑或许更加值得深思。

---

① 美国学者伊查克·爱迪思在《企业生命周期》一书中把企业生命周期分为十个阶段，即孕育期、婴儿期、学步期、青春期、壮年期、稳定期、贵族期、官僚化早期、官僚期、死亡。

从19世纪70年代“发明大王”托马斯·爱迪生擎白炽灯登上电力世界舞台，到20世纪60年代GE拓展至电力、军工、核能和航天航空等5大业务集团，在近百年间，GE都是工业时代的领军企业。GE曾是美国最伟大的企业，市值一度成为全球最高（8293亿美元），被股神巴菲特称为“美国商业的象征”，被人们称为能够代表人类工业时代的标志性企业。GE取得成功的关键自然归功于“内因”，而“外因”是美国当时正处于引领人类大工业时代的上升周期，GE成功地实现了时代冲浪并立于潮头。

今天人们常常将GE历史上成功的巅峰归功于杰克·韦尔奇时代（1981—2000年），杰克·韦尔奇也正是凭借其取得的巨大功绩被誉为“最受尊敬的CEO”“全球第一CEO”“美国当代最成功、最伟大的企业家”。韦尔奇为工业时代的管理定义了很多成功的科律，例如数一数二原则（No.1 or No.2）、六西格玛、3A价值法则、Work-Out群策群力、无边界组织等。

我们可以将杰克·韦尔奇时代的GE增长模式简化归纳为如下逻辑，可能会挂一漏万，但基本可以解释问题。杰克·韦尔奇时代的GE顶层价值环路如图4-4所示。

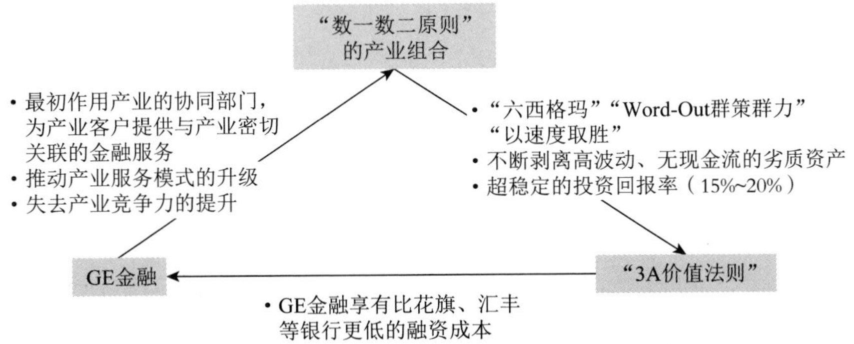

图4-4 杰克·韦尔奇时代的GE顶层价值环路

GE 顶层价值环路的核心要点为：通过大力推行六西格玛、不断加强高效率管控，以及剥离高波动、无现金流的劣质资产等手段实现并保持其产业组合的“数一数二”；这样的产业组合带来超稳定的投资回报率，使得 GE 可以长期享受 3A 的信用评级，意味着可以获得比花旗、汇丰等银行更低的融资成本，低资金成本成为 GE 发展金融业务的最大优势；在最初的设计中，GE 金融主要作为产业的协同部门，为产业客户提供与产业密切关联的金融服务，目的是推动产业服务模式的升级和竞争力的提升——这无疑是一个“完美”的价值飞轮。

但很快，这个“飞轮”就变异了：杰克·韦尔奇将“金融”引入 GE 的增长环路之中，大大促进了 GE 的增长，却也同时打开了“潘多拉的魔盒”。GE 金融开始从 GE 集团内部的一个副产品迅速成长为集团营收和利润的半壁江山，从收入结构来看，GE 金融的业务仅有 2% 的收入来自内部服务，其余 98% 的收入都来自外部服务。GE 金融的资产规模高峰时达到 5730 亿美元，占 GE 集团总资产的 70% 以上，如果单独剥离出来，它可以位列全美商业银行前十名，堪比摩根等老牌银行。

可见，在杰克·韦尔奇时代，GE 的集团经济“底色”已经悄然改变了，已经从一家领先研发和先进制造为“底色”的产业型集团变成了追逐资本暴利、热衷于资本运作的金融型集团，毕竟在银行业务的金融杠杆作用下，几个点的资金成本优势可以被放大十几倍、甚至几十倍，这是那些“微薄”的工业利润所远远无法比拟的。

可当 GE 集团的战略注意力从产业转向金融后，自然会导致实体业务竞争力的下降，尤其面对硅谷等新经济势力的强大冲击，再难保持产业组合稳定可观的利润回报，同时由于自身金融业务天然的高风险、高波动特征，使得 GE 再难以保持 3A 信用评级，低成本融资优势不在，更加剧了 GE 金融业务的亏损……于是，GE 曾经那套完美的价值环路断裂了，进而迅速逆向反噬直至崩溃（见图 4-5）。

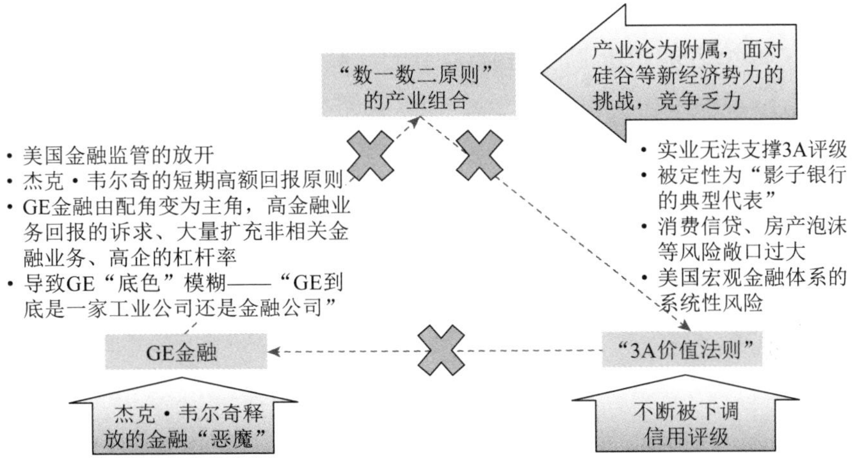

图 4-5　GE 顶层价值环路的逆向反噬与崩溃

这显然不是杰克·韦尔奇千挑万选所选定的接班人杰夫·伊梅尔特所能轻易扭转的。虽然杰夫·伊梅尔特试图剥离金融业务，推动 GE"回归工业战略"并强调"将工业优势与重要的金融服务能力相结合方面，GE 公司仍然是独一无二的，但是 GE 首先是一家工业企业，这一点明确无疑。GE 金融集团必须能够提升我们的工业竞争力，而非使之降低。"然而中国有句古谚：冰冻三尺非一日之寒。

从表面上看，GE 的成功与衰落，可谓"成也韦尔奇，败也韦尔奇"。但这不是问题的本质，从更大的环境视角看，其实应是"成也周期，败也周期"。

回看杰克·韦尔奇掌管 GE 前后的大背景：20 世纪 70 年代，美国利用中东石油危机，依靠其无二的政治和军事影响力，将美元和石油绑定，重构了美国在全球范围内的新资本环路（见图 4-6）。简单来说，就是要求国际石油交易以美元结算，由此倒逼各商品制造国必须通过向美国输出大量产品来储备美元，同时用储备的美元去购买石油等能源，而沙特等石油出产国则通过购买美国国债及相关金融产品将美元回流至美国，如此往复则构成了所谓的“石油美元环路”。新环路化解了之前布雷顿森林体系下的“特里芬困境”[①]，并重新奠定了石油危机后美国在全球数十年的地位。

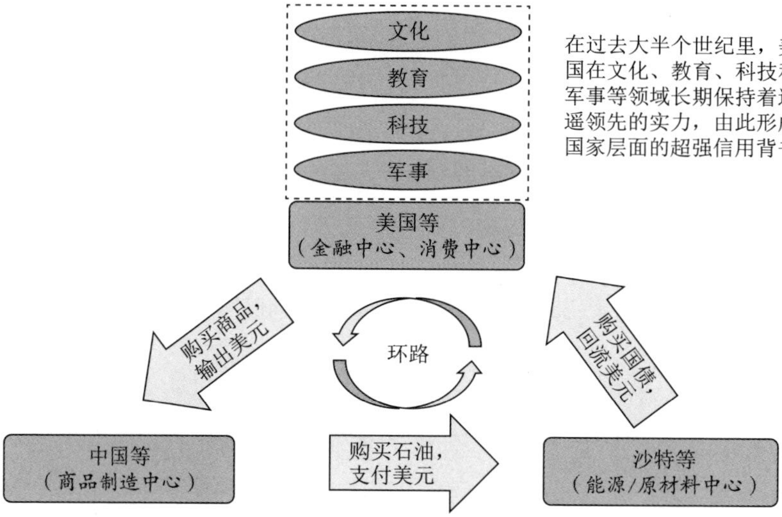

图 4–6 美国石油美元新资本环路

然而，石油美元环路也存在巨大的结构性缺陷。一方面，美国要想持续维持石油美元环路，就必须持续维持贸易逆差，购买他国商品并输出美元；同时工业企业发现将工厂开在综合成本更低的第三世界

① 20 世纪 50 年代，美国经济学家罗伯特·特里芬（Robert Triffin）对布雷顿森林体系研究后指出，如果没有别的储备货币来补充 / 取代美元，以美元为中心的平价体系必将崩溃，因为在这一体系中，美元同时承担了相互矛盾的双重职能，即（1）为世界经济增长和国际贸易发展提供清偿能力；（2）维持美元的币信，保持美元同黄金的汇兑比例。为了满足各国对美元储备的需要，美国只能通过对外负债形式提供美元，即国际收支持续逆差，而长期的国际收支逆差将导致国际清偿力过剩、美元贬值（“美元灾”），无法维系对黄金的官价；如果要保证美元币值稳定，美国就必须保持国际收支顺差，这又将导致美元供应不足、国际清偿手段匮乏（“美元荒”）。美元在布雷顿森林体系下的这种两难处境，就是著名的“特里芬困境”（Triffin Dilemma）。其后的历史发展证明了特里芬教授的先见之明。

国家（例如中国）可以获得更高的收益，结果则逐步导致美国国内的产业空心化，随着科技创新速度的放缓，尤其是下一轮科技革命的不明朗，美国的实力和信用背书受到巨大挑战，维持这种环路越来越吃力；另一方面，美国国内必须建设超级发达的金融衍生品市场，不断将回流的美元注入大量资产和复杂金融衍生品中，以消化回流美元，维持对国债购买者的偿付，但同时也加剧了资产泡沫，使得资本不再有兴趣注入实体经济，反而从实体经济中“吸血”。2008 年的金融危机就是这种“反噬效应”的集中体现。

我们看到，GE 的韦尔奇时代正处于美国新构建的石油—美元环路高歌猛进的时期，美国国内长期奉行“退二进三”的发展策略，即将大量工厂和工业投资布局到海外，全力发展以金融和现代服务业为代表的第三产业。在这样的环境下，GE 大力布局金融业务似乎是一个再合理不过的逻辑。然而，金融资本与产业资本最大的不同就在于前者与生俱来的投机和操纵，追逐的是短期高回报的收益。而美国优质大公司普遍被各类金融资本所控制，并且在多元分散的股东结构下，公司治理行为基本上可以粗暴理解为选择一位胜任的 CEO[①]，而这位 CEO 的主要责任就是确保股东们的预期回报——显然，大力发展金融业务、注重短期超额回报肯定是包括杰克·韦尔奇在内的 CEO 们的“明智之选”；只有这样，他们才能保留 CEO 的位置并拿到董事会允诺的激励。

所以，杰克·韦尔奇的成功其实是经营当时美国周期的成功。而 2008 年全球金融危机的爆发，微观上对 GE 这些在金融业务上走得太远的公司给予了灭顶打击，宏观上也开始对美国的全球资本环路造成

① “美国安然经济丑闻”事件后的 2004 年，美国出台了极其严厉的塞班斯法案（Sarbanes-Oxley Act，简称 SOX 法案），强制要求上市公司要建设并持续完善其内控体系。

了巨大冲击。奥巴马时代，美国制造业就已开始政策性渐进回流，以力图减缓这种反噬，继任者上台后无疑继续猛踩油门，加速制造业回流，与中国等全球供应链脱钩重建，打压贸易伙伴，力图改变美国长期贸易逆差的状态，但同时也意味着美元向全球输出的减弱，则美国精心构筑的“顶层价值环路模式”面临破功，即我们观察到的所谓美国逆全球化。

故而，没有“企业的时代”，只有“时代的企业”。成功的企业或许模式各异，但一定有个共同特征——他们顺应了周期大势，实现了冲浪发展，而对于那些大型乃至巨型企业集团，他们甚至在经营着周期。但是，当大周期下行甚至换轨时，能否成功跨越既有周期跳向下一个浪头，却是一道不折不扣的世界级难题。

不论如何，GE 已经用它百年的辉煌证明了其当之无愧为一家伟大的企业，能够穿越三个世纪而至今依然屹立不倒，也让我们有理由相信在未来某个历史节点，这家公司将会涅槃重生。

（3）跨越“周期之镰”：构建反脆弱与主动进化能力。

借用生命科学的观点来看，企业是一个人造的类生命物种，做得大且活得久是作为一个“生命体”与生俱来的内生欲求。据美国《财富》杂志报道，美国中小企业平均寿命不到 7 年，大企业平均寿命不足 40 年。而中国中小企业的平均寿命仅 2.5 年，集团型企业的平均寿命仅 7 ~ 8 年。

这虽然是多年前的统计数字，但基本可以揭示一个现象：中小企业与大企业（集团型企业）的平均寿命从统计值上来看出现了一个巨大的鸿沟。以欧美企业为例，我们不禁有这样一个疑问：中小企业的 7 年平均寿命与大企业 40 年的平均寿命之间的 30 多年哪里去了？换句话说，7 年和 40 年将在统计学上成为企业生命的一个铁门槛，似乎如果没法在时间闸门面前完成鲤鱼跃龙门的进化，就将面临死亡的风险（虽然我们常常将企业的败亡归罪于企业自身重大决策失误或经营失败）。这又像死神手中的镰刀，每到一个周期性的时间节点，“死神”都会用这柄“周期之镰”收割一下，能跳过去的会迎来新生，跳不过去的就会消亡。

经济学大师、“创新理论”的鼻祖约瑟夫·熊彼特在总结归纳前人观点的基础上，提出资本主义经济发展历史中同时存在着三种经济周期的论点，分别为：长周期——康德拉季耶夫周期（约 50 ~ 60 年）、中周期——朱格拉周期（约 9 ~ 10 年）和短周期——基钦周期（约 3 ~ 4 年）。可见，一个康德拉季耶夫周期中包含约 6 个朱格拉周期和约 18 个基钦周期。

以此对照，我们发现一个有趣的规律：中国的中小企业平均寿命不过一个短周期（或 80%），大部分中国大企业和美国中小企业寿命不过一个中周期（或 80%），美国这类发达国家大企业的平均寿命约为一个长周期的 80%。可见，跨越“周期之镰”是一个世界级的难题，这使得那些成功穿越周期并实现百年发展的企业让人肃然起敬。

那么，企业应该如何应对每一个周期底部所带来的重启时刻呢？

单纯的规模增长并不是保障企业生存的充分条件，低水平的增长不意味着发展，反而是陷阱。事实上，生物体、城市抑或企业，无论个体多么优秀，都可能会在外部环境发生重大变化的时候遭遇存亡危机。“周期死神”每次挥下镰刀，从个体而言，一定有企业消亡，同时也会有企业完成了惊险的一跳，幸运避过“死神”的收割，亦会有少数企业顽强践行了尼采那句“凡杀不死我的，会使我更强大”的名言，完成鲤鱼跃龙门的蜕变。

纳西姆·尼古拉斯·塔勒布在其著作《反脆弱：从不确定性中获益》中提出“反脆弱”能从外部不确定性中获益。

关于企业“反脆弱”能力建设，我有四点主张。

主张一：企业要主动让自己“复杂”起来，让自己具备“多样性”的系统特征。

既然致命风险来临时一定会伴随部分个体的消亡，企业要真正思考的就是自己如何能够成为那个幸运儿，并且能让这种“幸运符”一直伴随自己。

30 多亿年的生命演进历程已经给出了我们最优策略，那就是通过保持多样性的物种进化特征闯过无数次致命袭击；虽然每次都可能有后代因环境变化或外部袭击消亡，但很多后代还是成功躲过灾难并完成了新的适应性进化。

战略管理领域有一个备受争论的经典命题：企业究竟要不要多元化？我们抛开个体成败和具体的技术因素，几乎可以得出一个肯定的结论：企业要想不断闯过进化之关，多元化经营（即保持自身组成要素的多样化）将是必然的选择！

多元化的选择背后体现着事物发展的一般规律：任何一个行业大致都会经历幼稚期、成长期、成熟期、衰退期这四个主要生命发展阶段。不同的生命周期阶段伴随着不同的平均利润波动，不同的周期同样伴随着不同的风险程度。故只有进行科学合理的业务组合才能有效地熨平行业周期波动给企业带来的致命风险；优秀的企业还可以在产业组合、产融互动和协同管控的过程中获取更高额的收益。

由此可见，多元化的选择并非仅仅出于盈利的需要，更是企业规避单一风险的诉求。当然，那些推崇“专注即最佳”和对多元化抱有怀疑心态的企业最为担心的一系列问题是：多元化后是否会损害企业在原有优势业务领域的专注？新的多元化产业拓展是否会伤害到“保守派”（通常是企业元老）的“感情”？自身的企业系统（单体公司模式）能否同时容下多个产业的共存共生（尤其会遇到多产业间差异化的思维理念、文化特征、管理模式、薪酬标准等）？多元化布局是否同时意味着更多的风险点……

集团经济理论将从逻辑上解决上述这一系列问题，并从一个更高的系统视角帮助人们重新理解多元化。

① 集团型企业多元经营本质上是若干专业化的管理，再加上总部的协同管控。

② 多元化企业管控的难点在如何寻找并使用同一套融合的心智模式去理解看似差异化的业务，乃至把握彼此耦合的关键。

③ 多元化根本上是一种企业的拟态策略，或者说是集团型企业多种资产拟态化运行的各种异化形态，是适应不均衡发展环境的进化手法。

可见，真正的集团化并非是由于企业业务多元发展之后的被动选择，而是企业通过实施主动的集团化构建去驾驭未来的多元化趋势。

这种“主动的构建”将对企业进化产生更加深远的影响，即推动企业系统不断升维，使之与更宏大的母系统有机而密切地链接和嵌入，抑或自身升格成为更宏大的系统，由此带来更高的进化安全系数。

主张二：习惯复杂，学习复杂；控制复杂，驾驭复杂。

一直以来，“复杂”与“不确定”被人们避之如瘟疫，甚至从价值观上认为复杂是不好的，简单才是美的。那是因为人类身上自我保护的基因让我们习惯于将复杂问题简化为线性因果认知并粗糙处置，这客观上是逃避非线性的、复杂系统特征的真实世界。

企业主动的复杂化意味着企业管理者们必须从意识上主动去习惯复杂状态并学习复杂系统的规律。

当然这本身就是一次极具难度的挑战。

复杂系统虽然充满了“不确定”，但并非无迹可寻。通过研究我们至少可以掌握如下规律，这些规律将有助于我们对复杂系统实施更好的控制乃至驾驭。

（1）初始输入的敏感性。

“蝴蝶效应”给我们最大的启示就是复杂系统对于最初输入的要素具有超强的敏感性，正所谓“差之毫厘谬以千里”。对于复杂企业而言，强调事前慎思、预埋和通盘考虑将越发显得重要，要“永远战战兢兢，永远如履薄冰”！

（2）不均衡性。

复杂系统内部是动态演化的，不同时空状态下的系统重心分布是不同的。一方面，在复杂化的企业集团中，“曲线”可能比“直线”来得更短，“曲线救国”或“隔山打牛”常常成为更为有效的手段。另一方面，在驾驭复杂系统时，我们不能再“就事论事”，而必须体系性应对，主动构建起一个“发展飞轮”，通过不断激发一个个正反馈循环来“间接”影响目标事件朝预期方向发展。我们必须认识到，蝴蝶效应也是可以被管理的，通过体系性构建去管理正向蝴蝶效应是企业处理复杂问题的目的也是方法——越是企业的高层管理者越应该学会并习惯这样的管理哲学。

（3）滞后性。

复杂系统中的因果传导将呈现出时滞的特征，这或许是很多“急躁”的管理者们最不适应的地方。在复杂化的企业里，“立竿见影”将只是梦想和奢望，没有足够的耐心将无法适应复杂系统的运作。

（4）自适应性。

复杂系统不但从整体上表现出“活体”的特征，其内部的子系统也具有自我改变、自我修正的“活”特征，以求与外部的宏系统保持和谐。这对于企业管理者最大的警醒是：并非企业内部出现“不和谐”时才意味着出现问题，在复杂系统中，“错误”也会变得合理化，表面上运行良好的企业可能也正在走向歧途。

（5）自组织性。

复杂系统中的子系统拥有自我进化的内驱力，不但自身的结构和规模会不断进化，并且逐渐会形成自己的“内环境”和“内规律”，甚至子系统本身也会演化为复杂系统。这告诫企业管理者们：哪怕你再希望放权，也不能做真正的“甩手大掌柜”，你必须要构建出一个体系、一套规则或营造一个“场”，使得企业内部的子系统们不会野蛮生长、任意进化；否则，系统将会自我崩溃。

（6）自相似性。

复杂系统的总体与局部间、这部分与那部分之间从不同空间或时间尺度上看都是相似的。在空中拍摄的 100 公里长的海岸线与放大了的 10 公里长海岸线的两张照片，看上去会十分相似。事实上，不但形态上具有自相似性，规律层面也是如此。有了这一特征，无疑为我们研究企业集团这个复杂系统提供了可能，哪怕只是窥探局部，也可以通过对规律的把握上升到对整个宏观系统的认识和理解。

（7）节点吸引性。

是什么让复杂系统在混沌表象的深处表现出某种动态有序的规律，并且吸引组成要素呈现出自组织的内驱力？“奇异吸引子”的发现让我们从理论层面感觉到了这种神秘的力量源，就像生物的 DNA 或计算机系统程序的底层源代码，隐藏在肌体的最深处，引导着组成要素的各种行为。作为企业管理者，是否掌握了本企业系统内部的“奇异吸引子”呢？

组织变革的前提是思维变革，简单的思维永远无法驾驭复杂的企业。系统性思考并非只是一种意识或一句口号，而是一种需要持续修炼的核心能力。驾驭复杂的企业之舟穿越暗礁遍布的未知航道将是企业驶向百年梦想的必然之路。

主张三：经营好时间函数，保持进化。

在企业发展问题上，人们往往太注重对空间发展要素的讨论，例如资源、产品、土地、工厂、规模、利润、市场占有率、行业排名……很少会有意识地把各个要素上的时间因子抽离出来并形成一条联通当下与未来的思考逻辑主线，进而构建一个不同要素组合在不同时间节点上的演化节奏。

一旦我们脱离时间这条主线，则往往会陷入各种复杂矛盾的纠缠困顿之中：混沌与秩序，固本与更迭，战略与战术，目标与能力，即期与远期，稳健与激进，自主与联盟，长与短，重与轻，刚与柔，自然经济与人造经济……

上述任何矛盾没能做好平衡，则意味着系统可能正面临结构性的风险。而要想在“此刻”给出正确答案，最佳的方法就是站到长时间轴的大历史观下去探寻，以终为始！

故而，我们把复杂的空间要素依据时间制胜和实现进化的逻辑重新排列、组合、设计并实施管理的行为称为企业“时间函数”经营。经营时间函数的本质就是经营未来空间上的各种可能性，经营可能性就是经营不确定，经营不确定就是经营命运。

主张四：发育组织智能——企业进化的终极方向应是更聪明而非更敏捷。

如果说工业革命完成了组织效率的进化，用最短的时间、最低的成本制造差错率最低的产品——让企业变得更敏捷，那么互联网革命则进一步催发了组织智慧的进化，更精准地锁定目标、更精确地计算投入、更定向性地攫取价值——让企业变得更聪明。

很多人对互联网时代有一种误读，认为这是一个速度制胜的时代，甚至给传统企业（尤其是传统大组织企业）判“死刑”的关键理由就是传统企业的反应速度远远跟不上互联网化的组织，在机遇瞬息万变的互联网时代，传统大组织最终会因反应慢、找不到“食物”而“饿死”。

我认为，上面这类论断看似有理实则偏颇。经常接触企业的人都会知道，对于中国的很多传统企业，如果纯粹考察应激性的话，很多（哪怕是集团型的大企业）都是不弱的。首先，很多大型集团企业的老板还依然扮演者“超级业务经理”的角色，他们亲力亲为，兢兢业业，毫不懈怠；其次，越是大组织的企业集团，往往越是注重执行力的建设，内部“神经网络”（如IT系统）是比较健全的，虽然管控层级较多，但是老板盯上的事，执行的速度也是非常快的；最后，一旦确定目标，大企业往往可以迅速组织起比小企业更多的人力、物力、财力进行投入。

可见，大组织虽然在反应速度的绝对值上比不上小组织，但这种差异并没有从根本上影响到企业的生存，所以“敏捷性”并不是传统大企业向互联网进化的关键。

那么，关键之处在哪里？恐怕既不在于发现机会的能力（大企业往往更不缺少新机会的信息，每天都会有很多新机会主动找上门来），又不在于确立目标机会后的把握能力（工业时代的激烈竞争已经让幸存下来的传统企业练就了快速调兵遣将的能力），核心差距其实在于如何穿透未来“不确定”的迷雾而对“有效”机会的甄别和筛选上——这首要的是组织层面的思考力和辨识力，而不是简单盲目的应激力。

上面这点其实非常重要！我们看到，很多失败企业其实每天都很“忙”，但却很“盲”（目），久而久之更（迷）“茫”。

所以，所谓的传统企业和互联网化企业，不是恐龙和哺乳动物的区别，而是猴子和人类的差别——否则我们就很难解释为什么人类视力不如鹰、速度不如豹、力量不如虎，却可以主宰世界，答案就是人类实现了智力的进化！

传统企业向高智能的进化不仅是适应不确定时代的最关键突破点，还是一个不可逆的进化方向。

我在《大转型——互联网时代的传统企业进化之道》[①]中提出企业组织进化需要遵循三个“丛林法则”。

法则一：生存是企业的第一需要。过去认为的答案是“盈利”，其实盈利只是获得持续生存的一种手段。

法则二：更聪明的生存已取代更敏捷的生存。未来时代所带来的“不确定”挑战将远远超过人们的想象，拥有强大的思考力所获得的生存概率要远远强于应激力所带来的生存概率。

法则三：互联网思维本质上是最大化拓展组织智慧的方式。那些将互联网化理解为“主要为提高反应速率”的认知，本质上不是真正的互联网思维。

互联网时代下，万物平等，但有优劣，而有效的联通程度将决定优劣！时至今日，以万物互联、大数据、云计算等为代表的智能化时代正拉开序幕，这为企业的智能进化提供了技术基础，同时也意味着下一波“死神的镰刀”将要挥下，无法迅速完成进化的企业会消亡，而变革中崛起的“新物种”将大量繁衍。

---

① 王绍凯：《大转型——互联网时代的传统企业进化之道》，北京，清华大学出版社，2015年。

我们接下来就将企业生命周期与宏观经济周期贯通研究，并运用集团经济的理论和方法，寻找企业穿越周期的成功奥秘，以此来指导企业构建“反脆弱”与“主动进化”的能力。

2. 企业初创期的首轮挑战：“冲浪短周期”

（1）找准“利基市场”，选择比努力更重要。

在创业者群体里有一个重要的概念叫作“利基市场”（Niche market）。营销学大师菲利普·科特勒在《营销管理》中给“利基”下的定义为：利基是更窄地确定某些群体，这是一个小市场，并且它的需求还没有被服务好；企业集中力量于这样的目标市场，重点经营一个产品和服务，创造出产品和服务优势。管理大师彼得·德鲁克这么描述“利基市场”：蕴含丰富市场机会但规模不大，别人不做的产品或服务。利基市场主要侧重于占据并控制住尚未被别人占领的位置，避免竞争，而不是如何去应对竞争。

找到并嵌入一个“利基市场”是一个初创型企业获得生存的必要条件，但却不是能够持续成长壮大的充分条件。因为“利基市场”意味着这是一个被行业里的主流玩家忽视或不看重的缝隙市场，若只坚守此处，至多做一份“小而美”的生意，却无法成就一项更加宏伟的事业。所以，一个具有梦想的创业者必须快速思考清楚一个问题：如何从利基市场进入大众市场？或者发现大众消费市场潜在的革命性变化趋势，进而通过构建一个创新的商业模式来借势“冲浪”，迅速在新市场中占据一席之地。

这需要企业必须至少做到两点。

其一，要在行业周期发生重大革命变迁之前或萌芽阶段发现这种趋势并迅速行动。因为在“旧世界”的行业周期内，存量巨头几乎已经牢牢掌控住了主流市场，新创业者几乎难以从缝隙市场按照“旧世界”的规则走向大众市场。

其二，要紧紧抓住驱动行业周期变革的革命性因子，在新周期力量积蓄和变化之中找到一个安身立命的“利基市场”，并迅速构建起一个“增长飞轮”，全力推动这个“飞轮”的转动。对“增长飞轮”的推动起初可能是极为艰难的，甚至是不盈利的，但必须咬紧牙关不松懈地持续推动，所有的资源投入、组织管理和激励机制都要紧紧锚定在构成“飞轮”的结构和各要素的发育上，慢慢地会发现“飞轮”越转越快，推动也越来越轻松，甚至“飞轮”会自动转起来。由此，企业进入一个螺旋上升的快车道，持续提升自己在行业新周期上升通道中的竞争能级，实现与新周期波动的共振，冲浪式地不断扩大自身领地，当“新世界”形成，该企业自然就完成从缝隙市场向新的主流市场的迁移。

回顾亚马逊的创业历程，我们看到了一个鲜活的案例。

1994 年，在一次上网冲浪时，杰夫 · 贝佐斯偶然进入一个网站，看到了一个数字：2300%，互联网使用人数每年以这个速度在成长。当时西雅图的微软已经逐渐“长大”了，杰夫 · 贝佐斯看到这个数字后，眼里放光，希望自己能像微软一样，在 IT 行业取得成功，做网络浪尖上的弄潮儿。

杰夫 · 贝佐斯起初列出了 20 多种商品，然后逐项淘汰，精简为书籍和音乐制品，最后选定了先卖书籍——这是他创业所选定的“利基市场”。亚马逊（*最初名叫* Cadabra）刚刚创立时其性质是网络书店。因为书籍特别适于在网上展示，而且美国作为出版大国，当时图书有 130 万种之多，而音乐制品仅有 20 万～ 30 万种；图书发行业市场空间较大，这个行业年销售额为 2600 亿美元，但拥有 1000 余家分店的美国最大连锁书店、也是全球第一大书店的年销售额也仅占行业 12% 的份额，这意味着行业尚没有进入寡头阶段，瞄准缝隙市场是相对容易挤入并站稳脚跟的。

选好“利基市场”是亚马逊早期成功的重要因素，即所谓“选择往往比努力更重要”。亚马逊没有选择那些容易被现存行业巨头们盯上的热点领域作为起点，而是选择了他们暂时看不上的地方开始创业。和亚马逊几乎同时期起步的另外一家明星公司 Netscape（中文名称：网景）则没能持续获得幸运女神的青睐。一个重要的原因是其选择了浏览器业务作为创始业务，这就使其一开始就要面对微软公司这样一个存量巨头的强大竞争压力，虽然 Netscape 公司成立第二年就上市了，发行价 28 美元，上市第一天最高涨到了 75 美元，最后收盘时公司市值 29 亿美元，一时名声大噪，但依然挡不住微软公司的强大攻势。即便 1997 年微软因为将 IE 浏览器与 Windows 操作系统非法捆绑销售，以涉嫌垄断的罪名被告上法庭，并接受了长达四年多的反垄断调查，但依然没能阻止 Netscape 公司与微软 IE 浏览器竞争失败的结局。1998 年底，Netscape 公司被美国在线收购。2007 年 12 月 28 日，美国在线在博客表示将停止网景浏览器的开发，并于 2008 年 3 月 1 日停止安全更新和所有的技术支持，并建议用户转移使用 Mozilla Firefox 浏览器。这就意味着于 1994 年问世的 Netscape 将正式退出历史舞台。

（2）迅速构建“增长飞轮”，向主流市场进发。

占领“利基市场”后，为了实现快速的增长，贝佐斯提出了著名的“亚马逊飞轮理论”：即质优价廉的产品会吸引越来越多的客户，越来越多的客户会形成越来越多的流量，越来越多的流量会形成越来越多的销售，越来越多的销售会更好地分摊成本、提高质量，更优质的价格和质量会吸引更多的客户，这个正向的循环就形成了。同样，更多的客户会吸引更多的供应商，更多的供应商会提供更多的产品，更多的产品会吸引更多的客户，在供给这一端也形成了正向循环。最后，流量的快速增长会吸引更多的资本，有了大量资本加持后，可以"烧钱"引来更多的流量，营收规模的快速扩张会带来"范围效应"和"规模效应"，进一步为盈利空间的提升形成正向反馈。

而这个"飞轮"模式在创立之初是多年不盈利的，当时亚马逊的股东不停抱怨贝佐斯的经营策略太过保守和缓慢。可 2000 年的网络泡沫催生了亚马逊平稳成长的风格成为独树一帜的佳话，当大量快速成长的网络公司纷纷结束营业，亚马逊还有获利，成为少数的"幸存者"。2002 年的第四季度，亚马逊的纯利约有 500 万美元，2004 年则成长到 3 亿多美元。由此亚马逊进入了其商业帝国第一波增长曲线的快车道。

回顾很多成功企业的创业史，尤其是移动互联网浪潮以来的诸多创业故事，基本都可以看到相似的发展逻辑。

3. 巩固"三区"，避开"中周期躁动"陷阱

（1）"中周期躁动"。

上节中我们只是讲了亚马逊创业故事的 A 面，接下来我们再聊一聊故事的 B 面：外部的宏观周期波动所带来的重大危机与机遇。

前文中提道：一个宏观短波周期大约 3 ~ 4 年，一个中波周期大约 9 ~ 10 年。一个优秀的创业者带领一支精干的团队，依托一个

优秀的产品成功穿越一个短波周期是常见的。但能够屡次穿越短波周期，并能够在一次中波周期的大震荡劫后余生者，却是少数。

我们都知道，亚马逊创业后遭遇的第一波大震荡就是2000年的互联网泡沫，背后则是美国资本市场的大崩盘：美国纳斯达克指数从2000年的历史最高5048点一路跌到2002年的1114点，股指的下跌持续了2年，中途加上9·11事件带来的影响，整个纳斯达克市值跌掉了5万亿美元，整个股市市值蒸发了三分之二。不少明星公司市值断崖式下跌，甚至关门歇业，一大批程序员失业转行。

互联网行业的起飞始于1990年初，在1980年代以苹果、微软为代表的科技公司开发并普及了图形化的操作系统，这使得个人电脑的使用更加方便，于是催生了从1990年到1997年间美国家庭拥有计算机数量的猛增（比例从15%增长到了35%），随之而来的是上网用户数量的飞速增长，仅仅花了4年的时间互联网就收获了5000万用户，而电视机达到相同的用户数花了13年，收音机花了38年。

亚马逊正是起步于这个10年周期的中早期（1994年），并迅速用3年左右的时间验证了其“增长飞轮”的现实合理性。1997年亚马逊上市，由此获得了资本力量的强大加持，为“增长飞轮”加入了驱动因子。

然而现实中，很多创业早期即获得成功的企业（即通过3～4年的商业模式验证获得商品市场和资本市场的认可）此刻正面临着企业生命周期中的第一个巨大“陷阱”，我将其形容为“青春期躁动”。

我们观察到，经历过几轮市场波动的淘洗后，大部分竞争者已经消亡或退守到某些利基市场，而少数“剩存者”成为主流市场领域的龙头企业。在“马太效应”的驱使下，无论是政府还是资本机构，都会把更多的目光和资源投向这些实力相对强大的领跑者。很多企业一旦上市，要么迫于投资人短期高额回报的压力，要么出于创业者迅速拥有大量可支配资本所带来的“头脑发热症”，乱投资、乱布局，常见的两类行为就是拼命“烧钱”做营销推广和盲目投资并购。

“烧钱”的目的是希望借此手段来实现短期内进一步快速扩张规模、提高市场占有率，但现实情况往往事与愿违，由于大家都寻求“烧钱”换取增长，各自背后又都站着庞大的资本机构，这导致竞争迅速沦为“内卷”，资本的驱动效率也大大降低，最终造成整个社会资本的巨大浪费，而这些企业也最终沦为资本的“傀儡”甚至“牺牲品”。

同时，手中握有大量“弹药”（资本）的企业主开始有了越来越强烈的外延投资冲动，他们开始面临全新的“烦恼”：从过去拼命到外面找机会，变成了各种所谓的“新机会”纷至沓来。一个具体的表现就是很多企业集团总部开始成立战略投资部门，他们的一个重要工作就是帮助集团决策层评估找上门来的各类投资项目，而集团的决策会议里一项重要内容就是不断地决议是否做出投资或收购行动。由于各种渠道纷至沓来的项目标的是杂乱、无差别的，如果这时企业集团没有一个明确的发展战略和长期发展主线，那么就极容易被各种诱惑所扰乱，甚至落入盲目投资的陷阱，不但迅速消耗掉手里的“弹药”，而且由于组织能力（人才、经验、文化、机制等）的不足，导致新投资或收购过来的资产无法得到更有效率的经营和管理，不但会造成集团的不断失血，还有可能带来内部的各种冲突与矛盾。加之多元投资后带来的管控复杂度的骤然提升，极容易造成企业增长逻辑的模糊、发展动作的变形、核心竞争力的衰弱。

20 世纪 90 年代后期，那场互联网行业盛宴进入高潮部分，也是集体最躁动、最狂热的阶段。这里就不得不提一下当时的金融市场，互联网行业本身的发展并不足以让华尔街的人失去理智，真正推动人们开始疯狂投机的除了人性的贪婪，还有当时美国政府的两个政策——降息和减税。其实1995年美联储的降息跟互联网并没有直接联系，那时候正好赶上日本房地产泡沫崩溃的尾声，日本GDP缩水了1万亿美元，美联储感觉日本经济衰退势必波及美国，于是通过降息帮助美国企业收购日本资产的同时让美元增值，让市场上更多的钱流动起来，刺激经济发展。可市场上热钱越多，流入股市的钱也越多。而《1997年纳税人救济法》（Taxpayer Relief Act of 1997）的实施不仅增加了美国普通老百姓的可支配收入，也降低了投资的成本，一定程度上也助长了投机的风气。

在集体投机主义的驱动下，大批的公司开始投入互联网化的运动中，一时间泥沙俱下，有的传统公司申请一个“.com”域名、开一个网站就说自己是互联网公司，然后开始融资，年轻的创业者开着车跑到硅谷开一个网站做生意，各种各样的互联网公司像雨后春笋般冒出来，而且大家根本不愁没钱，因为他们的背后有华尔街在“输血”。

就在这个全民狂欢的阶段，贝佐斯和他的亚马逊依然保持着清醒而冷静的头脑，顶住了投资人要求短期回报的压力，选择将融来的资金持续投入技术和产品的建设上，甚至忍受多年的不盈利，这就是前文提到投资人批评贝佐斯“动作保守而缓慢”。

2000年2月，时任美联储主席的艾伦·格林斯潘宣布大幅度加息，加到1995年之前的水平，提高资金流动成本，促使人们投资的时候更加谨慎。在宣布加息一个月之后，3月13日日本经济再次进入衰退期的新闻引起国际市场上针对科技股的抛售，投资者担忧的情绪开始升温。接下来就是互联网公司和股民们自由下落的悲剧场景，投资者开始恐慌性抛售，互联网经济迎来至暗时刻。

亚马逊成为这场大震荡后的少数幸存者之一，并且在后来的移动互联网舞台上扮演着更加重要的角色。

通过对这段历史的回顾，我们不难发现，企业要想成功穿越周期，关键的考验并非在顺境中（经济和行业周期的上行期）赚到多少钱，而在于企业如何在大周期危机来临之前完成从“游击队”向“帝国式”发展模式（集团化战略）与组织模式（集团化管理）的转型。

（2）“三区”攻略。

在企业构建自己的“集团帝国”过程中，“三区”模型是其逻辑骨架。“三区”是指利润区、权力区和枢纽区。

随着“利润区”相关概念逐步深入人心，描述产业链上利润区分布并谋划向高利润区进发已成为企业进行产业价值链延伸战略的一项重要命题。

但我发现，很多人陷入了一个认知误区：正如《发现利润区》书名所“暗示”的，认为利润区是被“寻找”到、被“发现”到的。这其实没有看到高利润区形成的背后本质：高利润区不是天然存在于某处，而是被“产业链主”所设计和构建出来的。而他们之所以能够做到这一点，往往是因为其控制住了被我称为“权力区”的环节。换言之，“权力区”的操纵者们理论上可以选择 A 环节作为高利润区，也可以选择 B 环节作为高利润区。可见，高利润区实质上只是价值链“权力区”能量的兑现环节而已。

占据某个利基市场的创业者要想构建属于自己的高利润区，必须先掌控住权力区，而要想持续控制权力区，还要具备一个必要条件：牢牢卡位住“枢纽区”。“枢纽区”是连接并通往权力区的战略要道，这里是挑战者们重点攻击的环节，亦是应战者重点防范的领地，乃兵家必争之地。实践中，“三区”是可分、可合的。

由此，我提炼出一个分析产业链的“三区”模型（见图 4-7）。

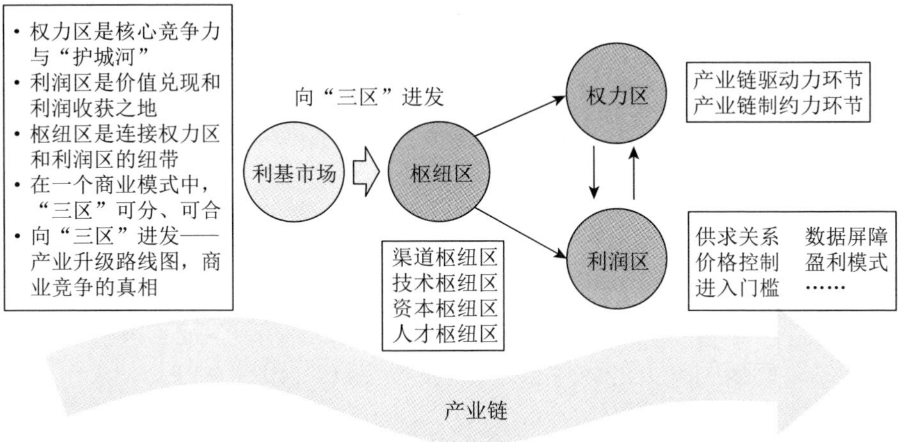

图 4-7　分析产业链的“三区”模型

我们来举个例子说明“三区”的内涵和关系。

2007 年，天才史蒂夫 · 乔布斯发布了苹果公司的划时代产品——iPhone，由此拉开了智能手机商业化的时代。苹果公司是全球智能手机业务的绝对霸主，这不单单表现为其领先的出货量，更在于其极其强大的盈利能力，这源于其在供应链上绝对的话语权。而打开苹果公司的利润结构，我们又可以看到其利润主要来源于硬件产品，其中 iPhone 系列产品占比最大。

我们据此浅显得出结论：智能手机业务的高利润区在硬件环节，若下定决心向这个环节冲锋，那结果无异于缘木求鱼。苹果公司之所以能够获得智能手机业务的利润权，背后依靠的是其超强的用户忠诚度。而要做到这一点，源于苹果公司多年精心营造的“iOS”系统及自主研发的芯片，正是通过这两个权力区的控制打造了完美融合苹果公司各类产品的独特闭环生态，这成为牢牢黏住用户的法宝，不论一个用户从哪个硬件端口触达这个生态，都会形成一个难以摆脱的嵌入效应。

可进一步的问题出现了：为什么竞争对手们都看穿了这一点，

却很难攻入那个权力区呢？这是因为苹果公司率先基于“iOS”操作系统经营起了一个极其丰富的“APP（应用软件）供应生态”，这才是保障其权力区难以被攻陷的枢纽区，因为操作系统本身并不关键，关键的是这个操作系统能够触达的服务链。为了牢牢卡住软件供应这个枢纽区，苹果公司除了具有先发优势之外，还特地将这个环节设计为自身盈利模型中的“低利润区”（即并不谋求在这个领域获取高利润），以此吸引庞大的软件公司来围绕“iOS”设计APP。

现如今，苹果公司进一步凭借其权力区的优势向更广阔的智能穿戴设备和智能汽车等市场延伸，以卡位更多的枢纽区，并构建更多的高利润区。

可见，围绕“三区”的分析是构建一个完整且有竞争力的商业模式的基础，是企业迅速从初创期转入快速增长期的关键!

由于行业中各种创新和变革力是不断涌现并相互作用的，这使行业价值链的客户端、渠道端、产品端、技术端和组织端不是恒定不变而是动态演化的，进而引起“三区”的变化。那么，无论是应战者还是挑战者，研究这些变化并适时作出创新则是取得成功的关键。

4. 经营好“时间函数”，成就百年企业

（1）“时间函数”与“深周期暴利”。

改革开放后的三四十年是中国经济突飞猛进的时期，但从社会心态来看，却也是充满了浮躁的时代。最典型的特征就是——急：“最爱‘快进’，狂点‘刷新’。评论，要抢‘沙发’。寄信，最好是特快专递。拍照，最好是立等可取。坐车，最好是高速公路、高速铁路、磁悬浮。坐飞机，最好是直航。做事，最好是名利双收。创业，

最好是一夜暴富。结婚，最好有现房、现车。排队，最好能插队。若不能，就会琢磨：为什么别人排的队总比我的快呢？ 没有时间感的中国人变成了最着急、最不耐烦的地球人，‘一万年太久，只争朝夕’……[①]”

浮躁，不仅存在于我们的生活中，还存在于我们的企业经营管理中。一个突出的表现就是一些企业依然在热衷于空间维度的扩张，而对于时间价值的积累则缺少兴趣和耐心，更缺乏足够的思考。在过去的一二十年中，似乎凡是与空间沾上关系的行业大多获得了大幅度的增长，例如互联网、房地产、传媒业、连锁业、服务业等。一些企业在制定战略的时候也热衷于快赚钱、赚快钱，盲目追求市场热点；热衷于平面的横向扩张，没有确立长期产业战略导向的投资思维；耐不住寂寞，不愿打持久战，遇到看似更赚钱的机会便义无反顾地抛开原有的战略规划，缺乏恒心和专注；业务效益为先，不肯在核心战略能力的培育上下功夫等。

近些年来，资本运作的理念和思维广受企业推崇，这本是一件好事，标志着中国企业经营的手段更加丰富。但是，正所谓过犹不及，物极必反，对资本运作的曲解或过度化应用则容易导致企业经营思维的“轻浮”——以小博大甚至空手套白狼等理念毒瘤正潜移默化地植入企业管理者的大脑，于是便常常出现新兴产业可偏偏又频频产能过剩。一旦一个行业出现利好，大量资本和玩家们便蜂拥而至，于是迅速演变为低水平重复扩张和无序竞争，行业迅速“内卷”为一片红海，当一片狼藉后，资本玩家们又会迅速撤离，奔向下一个风口……

当然，中国企业的浮躁心态是外部周期和企业自身生命周期特定

---

① 陈漠：《急之国——中国人为什么丧失了慢的能力》，载《新周刊》，2010.7。

阶段共同作用的结果。近些年，一方面是宏观周期的下行，另一方面是中国经济增长模式的换轨，当潮水退去，反而露出了很多拥有产业雄心和百年梦想的优秀企业，它们往往选择长期坚守、深度沉浸在目标战略领域，与周期共舞，追求的是“深周期暴利”。

“深周期暴利”是我在另外一本拙作《百年：如何建立一个伟大并长盛不衰的公司》中提出的一个概念。所谓深周期暴利是指企业深度沉浸在某个经济领域（如某个产业）并对整个领域进行全周期、多周期撇脂和掘金，而不是权宜式的、追涨杀跌式的投机行为。

当企业在进入一个新产业时，恐难在第一个产业波动周期内便获得高收益。可一旦该企业经历了一个（乃至数个）产业波动周期的高峰和低谷并积累起丰富的产业周期驾驭经验之后，深周期暴利效果将开始显现，用今天时髦的话来说就是“要做时间的朋友”。

由此我们可以这样来定义深周期暴利：将复杂性要素和时间轴有机糅合后所积累起的高竞争门槛后所获得的长周期、规模化暴利（之所以用“暴利”一词，主要为了强调这是一种周期级的利润而不仅仅是商品级利润）。一旦形成了基于时间的先发优势，则往往意味着企业在一个相当长的周期内拥有了一个“只能被追赶、无法被跨越”的时间门槛，除非发生重大的科技变革而导致产业规则的重构。

这是因为“时间函数”具有如下三大特征。

1）持续积累性特征。

时间函数资本与空间函数资本之间有一个极其重要的差别便是：前者与后者相比具有更大的间断价值损伤性。简单来说，与空间函数资本投入间断情况相比，对时间函数资本投入间断将在更大程度上影响收益/投入比，故坚持不懈地持续投入是实现“时间效果”的必要条件。时间函数资本与空间函数资本收益/投入特征对比如图4–8所示。

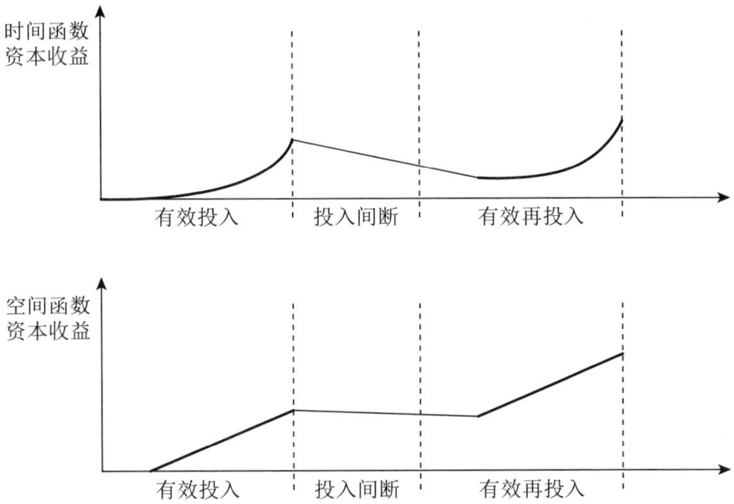

图 4-8 时间函数资本与空间函数资本收益 / 投入特征对比

“一万小时定律”向我们揭示了这样一个朴素规律：一个人要想成为某个领域的专家，必须要在该领域的研究上持续花费一万个小时的有效时间。同理，一个企业要想真正取得战略核心要素的“时间效果”，也必须对其进行长期持续性的投入。经验表明：一个具有全球知名度的高价值品牌从开始塑造到效果体现需要十年至数十年的时间，而一个核心技术的突破也至少要以十年作为有效时间标尺进行预期。

对于中国企业而言，要想成为百年企业，首先需要明确自己长期发展中的关键“时间函数”要素，同时要在这些“时间函数”要素的经营上“慢”下来，做好打持久战的充足准备。

2）效能突变性特征。

与空间函数资本的投入 / 收益关系呈现算数级数特征不同，时间函数资本的投入 / 收益关系呈现几何级数特征。简单来说，在一个不间断的有效时间轴上，投入的收益回报并不是均匀分布的。当有效时间积累突破一个阈值后，收益会发生突变。时间函数资本收益与空间函数资本收益的特征对比如图 4-9 所示。

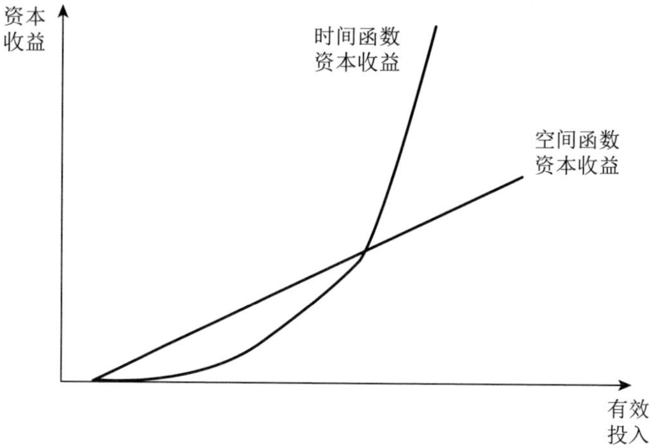

图 4-9　时间函数资本收益与空间函数资本收益的特征对比

坚持的时间越长，当初一点一滴积累起的时间函数资本的效能“核爆效应”就越明显、越难以超越。我们经常会跟企业讲这样一句话：战略完成后的第一年，你几乎做不成任何事，但如果坚持十年，你几乎可以做成任何事。这背后涉及企业发展的一个哲学命题：究竟什么是“快”？什么是“慢”？

3）难以跨越性。

用复杂性和时间维度有机糅合后所积累起的时间优势壁垒是几乎无法被超越的——时间轴不同刻度上的复杂性表现是无法还原和完全解构的，导致复杂商业模式几乎无法被简单模仿。这使得“揣摩”“试验”“试错”“总结”和“消化吸收”成为复杂商业模式设计中不可缺少的要素，所有总结出的“专利”“窍门（know-how）”将成为他人最难以逾越的商业壁垒。“时间函数”壁垒的秘密如图 4-10 所示。

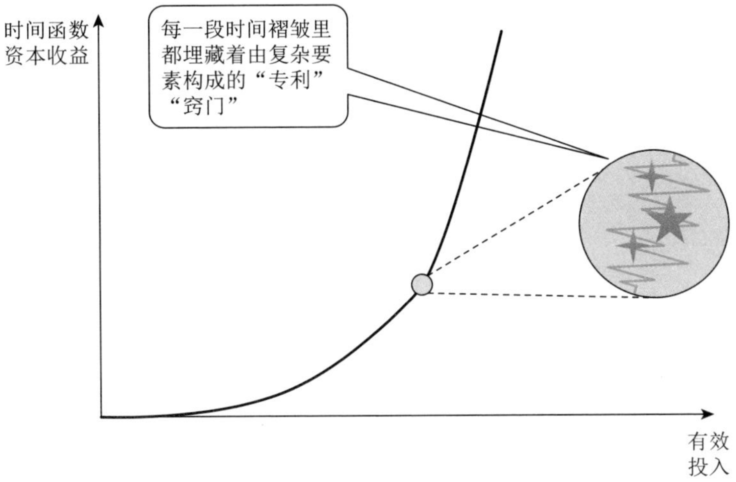

图 4-10 “时间函数”壁垒的秘密

最近几年，中国在很多产业链关键环节被“卡脖子”。一个关键原因就是我们的企业长期忽略对“时间函数”相关要素的投入，对一个产业缺乏精深的理解又何来突破性的创新可言呢？更不要谈在产业的基干环节实施变革式创新并引领新的生产力革命了。

（2）经营“时间函数”之“七剑下天山”。

通过研究成功企业穿越百年周期的实践与经验，我们可以归纳出经营“时间函数”的七大方法，我把它们称为“七剑下天山”。

1）“战略之剑”：拉长战略构建的“时间长度”，以终为始。

常闻有人言：形势变化太快，做战略没有意义。这显然是没搞懂战略的真谛。

战略的本质就是“通过长周期的洞彻性思考来克服短期的不确定性”。只要我们拉长观察的周期（短期视角往往会让我们迷茫于眼前的芜杂），并努力到更高一级的系统里升维思考（一个问题往往在本层级系统里无解），我们依然可以保持对长期变化方向和大趋势的正确。

所以，展望长远、把握趋势、以终为始地构建一个大时间跨度的战略蓝图是集团型企业顶层战略的基本特征。对于集团型企业而言，我认为只做“五年规划”是不够的，主张把五年战略规划蓄养在一个更大的战略长考蓝图里（至少 20 年）。换言之，五年规划是为一个更大的梦想在作注脚，这个五年规划应该是切实服务于下一个五年，并作好战略性预埋与卡位。以此类推，一路上所有的战略结果都将成为下一个战略周期启动的触发点。这样将预埋的各种结点连贯起来，看似庞杂不堪，但其总体的脉络和灵魂却真正体现了企业的使命和愿景。

与单体经济注重内部计划与外部市场的动态均衡不同，集团经济关注的是远见经济与结构经济之间的互促共生——远见经济的内涵是趋势、假设、范式、预埋和卡位；结构经济的内涵是规律、动力、势能、构建和耦合。

而为了达成长远的发展愿景，集团型企业应该有做“时间博弈”的战略魄力。未来是具有不确定性的，这就意味着企业战略是有“博弈性”的，企业制定战略本质上是企业在对未来“下注”，而越是大型的企业集团，战略的“赌注”往往越大。

研究中我们看到，具有百年经营史的大型企业集团都善于进行长周期的战略长考甚至“大赌注”，并且一旦确立好发展方向后便会长期坚持，哪怕遭遇九死一生的重大风险。20 世纪 60 年代，空中旅行开始流行，而当时中小型飞机运力的严重不足导致机场挤满了候机旅客。波音公司及时发现了这一发展趋势，并作出了研发大型客机（波音 747）的计划。但是，该项目却成为波音公司的一场商业豪赌，几乎陷入破产边缘。不少航空公司初期抱观望态度，担心如此大的飞机能否适应各地的机场，以及四引擎飞机的耗油量是否会大幅高于三发动机方案的飞机。但最后的结果却证明了波音747客机是十分成功的设计。这点无疑给今天的中国企业一个重大的警示，企业需要对战略发展有长周期思考，需要对一个持续战略方向坚定不移，不要只关注机会型投机业务，要在具有大风险的战略性投资上放开手脚，遇难而进，需要应有的魄力。

2）“劫掠之剑”：收购他人高“时间丰度”资产，压缩自身发展进程。

马克思在分析商品价值时，提出了“商品的价值（单价）是由生产该商品的社会必要劳动时间决定的”。那么就意味着，不同商品或资产，其生产过程中所累积的劳动时间是不同的。为了更加突出这个问题，我们还需要制造一个新的概念：时间丰度。高“时间丰度”的资产或商品（例如核心专利技术、高美誉度的品牌、优秀的管理团队等），不仅仅意味着其通常的交易价格会更高，更意味着其可能为产权拥有者带来更高的时间竞争壁垒。

获取高时间丰度价值的资产无非有两种方式：自我逐步积累和拿来主义式的收购乃至模仿。显然，后者可帮助企业用更短的时间达成预期目标，实现弯道超车。

全球并购（M&A）活动在2021年打破了历史纪录，因大量资本和天价估值助长了疯狂的交易水平。Dealogic的数据显示，全球并购活动价值有史以来首次突破5万亿美元。2021年美国的并购总交易量几乎翻了一番，达到2.61万亿美元。欧洲的并购交易增长47%，达到1.26万亿美元，亚太地区的交易增长37%，达到1.27万亿美元。而其中，以科技和医疗保健等为代表的高“时间丰度”资产占并购市场的最大份额。

当然，收购高“时间丰度”资产虽然可能帮助收购方的“时间掠夺”产生出奇兵效果，但往往也要支付远超一般类资产的超额对价，对收购者的资本实力提出了非常高的要求；并且常会伴随整合不力、经营不善、遗留风险、竞争者模仿及政府的反垄断质询等诸多问题。

对于后发者而言，也可以参考以下思路：很多互联网创业公司在选择自己的产品切入点时，一个重要的参照系就是大公司的二三线产品，这事实上是间接“掠夺”了大公司战略研究部门的时间价值。

3）“节拍之剑”：与高“时间密度”的节拍共振，事半功倍提升空间价值。

我们已经知道，时间价值在不同的资产沉淀中有着不同的“丰度”，那么在时间静静流淌的过程中，不同时间段里空间价值的沉淀也是不均衡的，我们可称之为“时间密度”。所谓“磨刀不误砍柴工”，其实说的就是这个道理，磨刀多花了五六分钟，而这五六分钟的时间价值是高浓缩的，一分钟能抵后面的几十分钟，可见时间的密度分布是不均匀的。

换言之，两段等长的时间周期所带来的空间价值可能有天壤之别，因为不同时间段的密度是有差异的。那么，敏锐预判高“时间密度”节拍窗口的来临并与之实现共振、冲浪发展，非常有利于企业在获取空间价值和空间位势方面事半功倍！

创投圈流行一句名言：风来了，猪都会飞。这看似戏谑的一句话，其背后蕴藏着道理：首先，这必须是一头聪明的“猪”，能够提前预判到“风”会来，以及有多大；其次，它必须是一头未雨绸缪的“猪”，能够在“风”来之前做好各种起飞的准备；再次，它必须是一头坚强倔强的“猪”，能够在“风”最肆虐狂暴的时候克服各种困难、保持飞翔姿态；最后，它必须是一头快速进化的“猪”，能够在“风”停之前进化出主动飞行的翅膀。

4）“扭曲之剑”：用空间的扭曲与重构换取时间优势，天下武功唯快不破。

时空问题是宇宙的本源，同样也是商业世界运行的源代码，一切商业活动无不紧紧围绕着空间价值因子与时间价值因子的动态组合及相互转化，并且具体表达为价值的识别、设计、组织、传递、转化、创新和生成等活动。

时间和空间不是彼此独立和静态的，而是相互关联和可变的，任何一方的变化都会牵连着对方的变化，这本身就增加了人们对时间价值因子和空间价值因子管理的复杂度。但对于时空运作的高手，却常常能够突破时空互转的奇点，甚至用空间的扭曲与重构去换取时间优势。

ZARA 作为快时尚行业的王者，多年来凭借其无与伦比的“前导周期”而称雄于世；传统服装行业的产品上新前导时间周期大约在 90 ~ 180 天，而 ZARA 从产品生产到上市最快只需要 14 天的时间。而这背后的核心是 ZARA 所在的 Inditex 集团精心构筑的极速供应链体系。这是一个“纵向一体化 + 横向一体化”特征的混合供应链系统，所有空间维度的布局都紧紧围绕着“快”。举个例子来说：ZARA 在全球有 6000 多家分店，每天搜集的客户诉求和销售数据当天传输至 ZARA 总部的数据中心。为确保供应链保持极速，至今 ZARA 麾下 54% 的供应商还在西班牙本地，它在西班牙各个生产单位之间架上了地下传送带网络，保证了运输的高效快速性和生产的连贯性，很大地缩短了服装生产周期。

然而，虽然崛起于 20 世纪 90 年代的 ZARA 用“快时尚”模式扭曲了行业原本的时空规则，颠覆了行业原本的节奏，但其毕竟是诞生于 PC 时代的产物。在移动互联网和大数据广泛应用的今天，另一个快时尚的新物种挑战者 SheIn 正在快速崛起，进一步刷新着“快时尚”的速度极限。这家“墙内开花墙外香”的国产快时尚品牌，没有门店、完全线上销售，在需求捕捉、设计、测款的效率等每个环节基本都比 ZARA 还要快。例如：SheIn 将打样到生产的流程缩短至最快 7 天（ZARA 为 14 天）。由于 SheIn 主打数据驱动的线上经营和“小单快反”（小订单快速反应）的供应链模式，使其可以做到一次至少生产 100 件样衣进行打版，然后根据消费者购买反馈，决定给哪些款加单。同样生产 3000 件衣服测试市场反应，ZARA 只能测试 1 ～ 6 个款式，而 SheIn 可以测试 30 个款式。这意味着，SheIn 押中爆款的概率更高。押中爆款后，通过后续加订单，单件成本就能大幅降低。

5）“操控之剑”：建立时间规则，操控行业波动的节奏。

行业领导者为了持续保持领先地位，除了制定行业标准外，还常常会在操控行业波动节奏方面动脑筋。就像马拉松长跑，节奏非常关键，并不是越快越好。状态好，跑起来特别顺畅，整体节奏行云流水，配速快且不累。反之，跑起来特别扭，呼吸、步频乱而无序，找不着感觉，整个跑步的节奏就是乱的。

行业里的领导企业就像优秀的马拉松运动员，除了要保持好自己的节奏之外，还要努力吸引越来越多的其他运动员跟随自己的节奏。一旦群体节奏形成，有利于降低整个行业链条关联企业间的内耗与紊乱，提升整个产业链的结构效率。同时，也可以慢慢淘汰掉跟不上节奏的竞争对手，或吓阻潜在的新进入者。

最具代表性的案例莫过于英特尔创始人之一戈登·摩尔所提出的“摩尔定律”（集成电路上可以容纳的晶体管数目在大约每 18 个月便会增加 1 倍）。我们都知道，摩尔定律并非严格意义上的自然科学定律，它更像英特尔制定的一个行业革新迭代的周期标准。基于英特尔的强大行业号召力，几十年来，整个电子信息产业都遵循这个定律进行从硬件到软件的技术和产品迭代；为了巩固这一优势，英特尔曾与微软强强联手组建了延续二十年的“WinTel 联盟”，一头一尾把住了整条行业价值链，并瓜分了产业链上的大部分利润。WinTel 联盟曾是科技市场吸金能力最强的组合，其中奥妙令人回味。在整个 PC 时代，英特尔几乎独步天下，足足吃了几十年的周期红利，直到移动智能时代来临，英特尔才开始遭遇极具威胁的竞争对手。

6）“阻断之剑”：破坏对手节奏，争夺对“时间函数”的制定权。

作为挑战者，如果一直按照领导者的节奏采取跟随策略，长期而言显然会让自己陷入不利状态。所以聪明的挑战者往往会在对手的薄弱之处采取“诡击”，刻意破坏掉对手的节奏；极精明的挑战者甚至会在前期按照对手的节奏进行跟随，待对手已经习惯既有节奏并不断投入保持节奏壁垒之时，突然如少年大卫掷石击中歌利亚巨人前额一般，直接扰乱乃至击碎行业大玩家的生物钟节奏，致其自乱阵脚。

例如当年互联网大潮到来，很多互联网创业公司采取“免费模式”，这可以迅速获取流量的“奇招”同时也突然打破了行业里既有玩家的惯性节奏和时间规则。

所以行业中的高阶竞争常常围绕争夺“时间函数”控制权展开。例如，二十世纪八九十年代是任天堂和世嘉公司竞争如火如荼的时代，当任天堂成功推出 8 比特的电子游戏系统的时候，竞争对手世嘉公司没有争夺任天堂这一市场的主导地位，而是推出了第二代即 16 比特系统。这样，在游戏客户更新系统的时候，世嘉公司就可以占领整个市场。当然，任天堂也采用类似的策略来应对，进一步成功占领了 64 比特的市场。于是，世嘉公司又推出了 128 比特系统……

7）“终极之剑”：驾驶“忒休斯之船”穿越周期之海。

“忒休斯悖论”是西方古典哲学里的一道经典辩题：如果忒休斯船上的木头被逐渐替换，直到所有的木头都不是原来的木头，那这艘船还是原来的那艘船吗？

为了穿越周期之海，一家企业的终极解决方案或许只有一个：不断调整自身的结构，适时地替换掉腐朽的部分、巩固尚处强健期的部分、引入新生鲜活的部分。具体来说，就是要在不同的宏观周期波动下合理组合多个周期差异的业务，以保持整体的生命力并熨平宏观经济的波动风险。动态调整集团业务组合如图 4-11 所示。

所以，若从哲学视角来看，企业集团就是一艘“忒休斯之船”。决定其根本性质的其实是它独特的、持续进化的发展范式和一系列拟态策略。

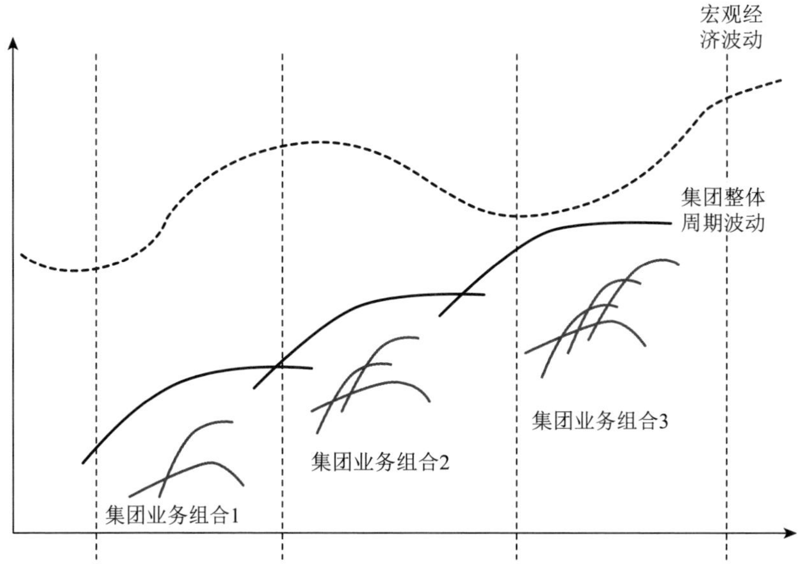

图 4-11　动态调整集团业务组合

李嘉诚先生是著名的华人实业家、慈善家，他的成功故事耳熟能详，从商业角度而言，他掌舵数十年的“长和系”无疑是一艘成功穿越周期之海的“忒休斯之船”。截至 2021 年，“长和系”的业务已经遍布全球几十个国家，在多地均有投资布局且横跨港口、零售、酒店、地产、医药、电讯、石油等十多个业务领域，业务几乎涉及普通人生活的方方面面，并保持极低的负债率，这不仅为其带来了极高的投资回报率，也增加了抵抗风险的能力。据业绩报告显示，在 2021 年，“长和系”的净利润竟高达 547 亿港元；其中，“长和系”旗舰公司长江和记实业有限公司 2021 年的净利润增长 15.1%，达到近 335 亿港元（约合 42.8 亿美元），远超外界预期的 326 亿港元。与长江和记实业有限公司一样，另外一家旗舰公司——专注于地产及相关领域的长实集团在去年利润大幅增长 30.5%，达到 212 亿港元。

CHAPTER 5

5 第五章

集团组织管控体系是对集团经济的适配与反塑

5

CHAPTER 5

管理学大师艾尔弗雷德·D·钱德勒曾说：战略决定组织，组织追随战略。这一经典表述自然也基本适用于“复杂化”的集团型企业组织。

然而，与单体企业不同，企业集团是“多个企业的联合体”，集团内各成员企业从战略上可能表达出差异与不同，这自然也会使得各成员企业的组织形态和运行特征可能是不一样的。但是，当这些成员企业共同组合为一个具有统一发展意志和整体经济模式框架的集团，那么自然又使得我们必须将对集团组织行为的研究升格为“中观视角”，由此才能更加系统而透彻地理解并设计好企业集团内部复杂的组织形态、组织关系和运行逻辑。

ONE 一

中观视角下重新认识集团组织

1. 组织研究的“中观视角缺席”

我的同事、和君管理研究院院长丛龙峰博士在其专著《组织的逻辑》中谈到当前关于组织问题研究中的常见问题是：“要么过于宏观，要么过于微观，中观视角的研究通常是缺席的。”“在宏观视角下，最具代表性的是对‘组织构型说’的研究，如工业时代的组织VS互联网时代的组织、官僚型组织VS创新型组织、封闭式组织VS开放式组织等。每一种都可以划分出许多维度和特征，并对彼此间的不同之处进行比较。但坦诚地说，这更多只是对现象的一种解释，很有思维上的乐趣，对于解决问题却帮助不大。”“在微观视角下，人们热衷于对动机、领导成员关系、‘场’等主题的研究。这些的确是组织中的重要问题，而且它们更适合被测量，换言之，其研究成果更适合作为学术论文被发表。但问题也在于，这类研究过于微观了，它们很难被用于体系化的组织建设。”①

关于“中观视角缺席”这个论断，我深以为意，这与本书的一个核心论点“企业集团应被视为一类中观经济体”的内涵是暗合的。

---

① 丛龙峰：《组织的逻辑》，北京，机械工业出版社，2021。

我在给集团型企业客户提供管理咨询过程中，经常会收到客户各式各样的提问，例如："我们是否要把目前的'流程型组织'转为'事业部制组织'？""听说未来的组织模式应该都是'自组织'，我们企业要不要马上改变？""我的竞争对手在搞'阿米巴'，我们要不要马上跟上？""有专家说好的组织模式应该是'水一样的组织'，应该怎么理解？""我们集团现在最大的问题就是'权责不清''流程制度不完备''岗位描述不清晰'，您看该怎么优化？"大多数问题要么是关于时髦（不少是似是而非的）的热点概念，要么是自己实际工作里的具体问题。而放在企业集团这类复杂组织特征的语境下，只用"望远镜"（即从宏观视角把企业集团视为一个"质点"）或只用"显微镜"（即深陷在复杂的微观细节中）都无益于系统性问题的解决；或许，我们更需要的是一柄"放大镜"——既要看到整体，又要把握内部总体结构框架和基本运行逻辑。

接下来，我们就围绕若干重要的"中观级"命题来讨论一下企业集团的组织特征和设计要点。

2. 集团组织的 FSC 分析与"一致性"设计

前文中提到，一家企业集团的极简模型是：一个具有价值影响力的母公司和若干具有不同程度自组织特征的业务单元的组合体[①]。这意味着整个集团经济目标的实现过程是这些组成单位的功能分工和相互作用的结果。

---

① 股权关系是最为常见的母子公司关系纽带，但并不唯一，也可能基于文化或长期契约关系；完全基于行政式管理的母 / 子公司或总 / 分公司关系我们视其为单体公司，完全基于订单约束的企业间关系我们视其为市场规则下的自由主体，我们研究的集团型组织行为居于这两个场景之间。

现代系统理论认为：系统的结构决定系统的功能。这对于自然系统或组元简单且有着确定功能的系统来说是正确的，但对于非自然系统，尤其是社会经济系统来说，还必须考虑系统中的复杂运行过程。故对于复杂系统而言，系统结构决定系统运行的基本框架与边界，系统结构和系统运行共同决定了系统功能的发挥。当然，通过对系统功能呈现程度（绩效）的预期偏差的分析和反馈，可反过来调整系统运行的方式或对系统结构进行优化。所以，“结构—运行—功能”成为分析系统分形特征的基本构型。

20 世纪 30 年代，哈佛大学产业经济学权威贝恩、谢勒等人提出了产业组织的 SCP 分析模型，即市场结构（structure）—市场行为（conduct）—市场绩效（performance）。SCP 模型的基本含义是：市场结构决定企业在市场中的行为，而企业行为又决定市场运行在各个方面的经济绩效，这是与系统论的基本原理相吻合的。

然而，“结构决定运行，结构与运行共同决定功能”其实是对一个系统运行状态的规律描述，却不是一个设计的逻辑。要对一个系统进行设计，正确的逻辑应该是：首先明确要实现的目标功能是什么，这是着眼点，而后根据目标功能来调整系统的结构与运行，并使之适配目标功能的实现，这是着力点。

对于企业集团经济模式的分析和设计过程，一个重要的输出结果就是要明确集团未来的目标功能是什么。企业组织是一个“目标系统”，即它的存在必须是“矢量”特征的、有明确目的导向的。无论其方向还是效度，核心目的只有一个：要形成对该企业所选择的集团经济模式的适配。当然，复杂组织的运行不是机械的而应是有机的，我们期待一个良好的集团化组织在动态运行过程中能够不断自我纠错、自我补缺、自我完善甚至自我进化——这需要我们在设计企业集团组织的运行机制中多花心思。

首先，我们必须要理解“集团经济”的基本内涵，以及目标企业“集团经济模式”的导向、逻辑、节奏和周期性特点。接下来，需要进行集团组织体系的“一致性”设计，即保证组织的“功能—结构—运行—绩效—变革”是逻辑贯穿和彼此适配的。只有这样，才能保证集团组织各单元、各要素之间的互动是具有良性正反馈效应的，即最终会带来整个集团价值的增加而不是损毁。

我基于此模型进行拓展，提出了集团经济组织分析的 FSC 模型（见图 5-1），即集团功能（function）—集团结构（structure）—集团运行（conduct）。

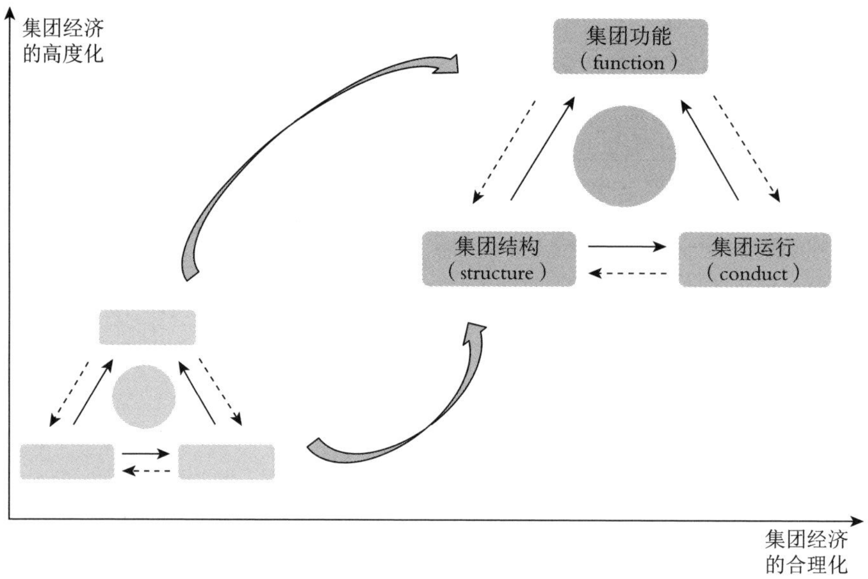

图 5-1　集团经济组织分析的 FSC 模型

在 FSC 分析模型中，集团经济组织的功能—结构—运行之间存在着因果和相互反馈的关系，即组织功能是集团经济体的性质、能力和功效的表达，它决定组织结构的设计导向，组织结构进一步框定了组织行为的运行载体和边界，并通过一系列经营和管理行为最终表达为组织的绩效结果。在相对稳态的内外部环境下，组织决策者可以根据组织绩效与预期功能目标之间的差异，选择对组织运行和组织结构进行反向调节，以实现对集团内部各单元“黑箱”的有效控制，确保集团整体效率的持续优化。但当内外部环境发生重大变化时，则需要启动组织变革，对组织功能进行重大调整或重构，甚至可能对集团经济本身的基本范式和逻辑进行改变。

“功能—结构—运行”这三者互动的目标是推动集团经济不断朝向合理化和高度化演变。通常来说，在行业周期的短波和中波区间，应特别注重集团经济结构的合理化布局和动态调整。因为行业的短周期（基钦周期）、中周期（朱格拉周期）波动背后反映的是库存波动和设备投资波动，进一步表现为市场供需的矛盾和再平衡。这要求企业对周期波动趋势的研判具有前瞻性，并能够适时精准地调整自身的系统状态（功能—结构—运行），以应对外部的供需矛盾和再平衡要求。

对于集团型企业而言，情况就要复杂得多：由于母公司和各业务单位各自经济目标的不同（母公司关注的是集团整体的均衡发展和资本的收益与风险，各业务单位所处行业的不同导致各自周期是交叉而非同步的），使得各自组织功能、组织结构和组织运行模式存在差异，这就要求它们在顾好自己的同时还要努力让彼此的节奏合拍。

在宏观维度的中、长周期视角上看，集团经济的高级化则是真正决定企业集团长期竞争力和抗风险能力的关键。尤其当宏观周期出现科技创新所引发的生产力革命或商业模式重大革新窗口时，务必要抓住机遇，发挥集团化的优势，围绕新增长动力进行多赛道布局，通过不断试错和反馈，迅速形成新的战略成长“飞轮”，一旦方向清晰，集团母公司就要倾斜到新的战略赛道，通过资源的靶向配置和考核指标的调整，引导集团各单位将发展重心迁移到新的生产力基石上；同时不断剥离或退出落后业务领域，推动集团主导产业及其群体实现更替和转换，让集团整体搭上新周期的快车。

拓展阅读

EXPANDING READING

华侨城集团的战略与组织转型
——铸就世界一流企业，创想开启美好生活

（注：2016年起，我作为和君咨询副总经理、资深合伙人，率队陆续为华侨城集团总部，华侨城A股、康佳集团、华侨城文旅科技、华侨城旅投集团、华侨城酒店公司、华侨城资本投资管理公司、华侨城云南集团、云南世博、云南文投、重庆华侨城、襄阳华侨城等二级和三级子集团/子公司提供了战略规划、组织管控、绩效薪酬体系、文化体系、流程制度优化等数十个项目的管理咨询服务。该案例作为和君咨询“20年20个经典案例”之一入选《高手身影2：中国商业原生态实战案例》①）

华侨城集团有限公司，是国务院国资委直接管理的大型中央企业，1985年诞生于改革开放的前沿阵地——深圳，是国家首批文化产业示范基地、全国文化企业30强、中国旅游集团20强，连续11年获得国务院国资委年度业绩考核A级评价。“十三五”时期，华侨城集团全面达成“十三五”整体发展目标，总资产由“十二五”末的1370亿元增长至2020年的6980亿元，年复合增长率达39%；2020年，集团营业收入、利润总额均实现稳定增长，超额完成国务院国资委下达的任务指标。

---

① 王明夫，李向群：《高手身影2：中国商业原生态实战案例》，北京，机械工业出版社，2021.7。

从1989年建成中国首座主题公园“锦绣中华”至今，华侨城始终以市场为导向，积极响应和践行文旅融合、新型城镇化、乡村振兴等国家战略，不断创新旅游产品，从静态微缩、互动体验、生态度假、都市娱乐，到特色小镇和美丽乡村建设，华侨城实现了产品从单一到混合形式的演变，强化了集群优势。目前集团在全国运营和管理景区近80家，位列全球主题公园集团第三、亚洲第一。

一、华侨城“旅游 + 地产”创业模式的辉煌、瓶颈和破局

（1）创业伊始即领时代潮流之先的华侨城。

1982年，时任国务院侨办主任、党组书记和港办主任的廖承志同志提出将深圳沙河农场办成引进华侨资金、技术和人才，开展侨务工作的经济开发区。1985年8月28日，经国务院领导授权批准，由国务院侨办和国务院特区办以（85）侨秘会字002号文发出了开发建设深圳特区沙河华侨城的通知，建设具有工业、商业贸易、旅游、房地产、文化艺术设施的主要外向型的开发区——深圳特区华侨城，作为新时期侨务工作的窗口和基地。

自此，华侨城集团在我国改革开放的前沿阵地——深圳经历了开拓创业（1985—1995年）、产业整合（1996—2001年）、走向全国（2002—2014年）、创新图变和改革突围（2015年至今）的发展历程，用自身的茁壮成长满足人民的美好生活需求，让美好生活不单只体现在物质生活中，更体现在精神生活与文化生活中，把人民对美好生活的向往作为奋斗目标，陪伴祖国走过改革开放40余年。

（2）“旅游 + 地产”模式的开创与成效。

华侨城广为人知的，就是其打造的“欢乐谷”等一系列主题公园。主题公园可以说是华侨城的立身之本，但主题公园具有不可移

动的特征，一次性投入数额很大，营运成本较高，收益比较平稳，成长性不高。因此，完全靠主题公园的直接收益滚动发展的话，往往速度缓慢。

有鉴于此，华侨城秉持“先规划后建设”的发展原则，采用构筑产业链条、实现关联协同的方式，充分发挥主题公园的“旅游乘数效应”，即“旅游＋地产”发展模式：一方面，华侨城旅游综合开发项目通过获得关联房地产项目开发的收益，用房地产运营的快速回报支撑对主题公园的长期投资。另一方面，运用文化旅游业的主题化包装手法，对关联房地产产品进行品牌增值和包装运营，最终获得超越单纯地产产品的超额收益。

2000年，深圳华侨城第一个“旅游＋地产”的开拓性高端地产项目——波托菲诺小镇初步建成。此后十余年，在各地华侨城的架构里，“旅游＋地产”成为标配，规划、建设、运营愈发成熟，逐渐成为市场及行业关注的焦点，“旅游＋地产”模式成为中国新型城镇化的典型样本和发展案例。通过这一商业模式，华侨城奠定了中国主题公园龙头地位，并且在一二线城市获取大量低成本土地资源。

2009年11月11日，华侨城迎来了其发展史上具有深远意义的事件——主营业务整体上市。这一年，华侨城地产收入突破百亿元大关，位居房地产行业第18名，并且连续四年作为跻身世界旅游景区集团前八强的唯一亚洲企业。

（3）行业、市场与竞争格局的新变化致使“旅游＋地产”模式遭遇瓶颈。

在“旅游＋地产”发展模式下，华侨城稳居亚洲旅游地产品牌前列，但随着时代和市场的发展和变化，这一模式的瓶颈开始显现，成为束缚华侨城进一步发展和扩张的枷锁。

在改革开放二十年、房地产行业大幅增长背景下，当多数同时代起步的房地产开发商如万达、万科、碧桂园等纷纷跻身千亿元俱乐部的时候，华侨城旅游地产模式从2009年销售额突破150亿元后，业绩一直在200亿元以下徘徊，直到2016年才突破200亿元关口，排名下滑至52位，处于边缘化境地。

2017年年中，华侨城在全国15个城市项目储备货值高达5121亿元，集团储备土地面积超过4000万平方米，而且这些项目多数位于一二线城市，其中上海和深圳占比超过三分之二。一二线城市巨量的资源储备与相对不足的销售额之间形成了巨大的鸿沟。

而这种差异存在的根源，就是“旅游＋地产”这一模式自身。文旅项目进入回报期通常至少需要三到五年的时间，在这期间，项目开发、建设和运营的投入将会大量沉淀下来，每年光利息费用就是一笔庞大的资金。大部分文旅项目通过房地产销售来收回成本投入，虽然短期内实现了现金回正，但与没有文旅重资产包袱的常规房地产企业相比，这种模式在周转率、可用资金等各个方面显然都处于劣势。同时，文旅项目往往又有其特定属性，与典型的快周转、高标准化房地产项目不一样，它个性化很强。一方面，做文旅项目，地产的“输血”是项目存活的关键；另一方面，想要做好文旅项目，必须要摆脱地产思维，矛盾就这样产生了。

想要摆脱“旅游＋地产”发展战略的制约，并且取得跨越式发展，华侨城不仅需要提高周转能力，同时必须在原有基础上进一步拓展业务发展范式，为集团发展注入新的动力。

2014年2月，国资委宣布华侨城集团公司领导班子调整决定：由原陕西省西安市副市长，陕西省政协常委、文化教育委员会副主任，西安曲江新区党工委书记段先念同志接任华侨城集团公司总经理、党委副书记、党委常委职务。

华侨城新一轮战略升级转型的破局大幕悄然拉开！

二、和君咨询对华侨城未来发展的思考

2015 年底，经过激烈竞争，和君咨询最终成功中标华侨城集团与华侨城股份的战略规划项目。获得华侨城高度认同的关键因素源于和君咨询对华侨城未来发展的若干重大思考与构想逻辑，这些也是项目组后续出具解决方案的基础。

思考一：世界格局。东升西落，秩序重构，中国正处在 200 年来的好时期！

2015 年底和 2016 年初，对于中国经济发展态势问题，社会各界弥漫着复杂焦虑的氛围，“产能过剩”“新常态”“L 型经济”等概念是那段时间的流行语，甚至不少经济界人士和企业家群体对未来中国经济抱有越来越悲观的情绪。

而恰在当时，和君咨询站在长周期、大历史观视角与众不同地提出：世界格局“东升西落”的大势不会改变，中国重返世界之巅将成为人类文明的重大事件！和君咨询亦认为：这是中国 200 年来的好时期！

回望 200 年前，欧洲在工业革命的强劲推动下，经济、社会、文化、军事实现全面繁荣；而遥远东方，清朝开始进入衰落周期——“西升东落”成为此时全球新一轮国势大周期嬗变的主要趋势。

直到 1949 年中华人民共和国成立，虽然路有诸多曲折，但时至今日大势未改，相较于今天的世界诸国，鲜有如中国般持续强烈的发展欲望和巨大动能。

故而，“东升西落，中华崛起”是所有中国企业制定顶层发展战略时应作出的最高战略假设，并以此参照系展开所有的战略思考——尤其身为中央企业的华侨城集团，更应站在国家大战略的高度和视角去思考自身的发展定位和使命功能。

那么，华侨城能否按照全球第一的目标，以终为始地思考自身的战略问题？甚至更大胆的假设是：在前述大势下，目前全球领先的那几家企业，命运最终只有两个——被中国企业超越或被中国企业收购——请问，这家企业会是谁？！

思考二：产业升级。“文化”不应只作为华侨城旅游产业的附属特色，相反，“文化”应该最大化升格为华侨城的底色主业。

第一，随着中华民族的全面崛起，中华文化将重回世界主流文化之地位，中国人的生活方式将获得越来越多国家的推崇和效仿，正如先知穆罕默德所言：“学问虽远在中国，亦当求之。”对中国传统文化精华的挖掘、重塑和时代感提炼，使之成为全球范围内的新普世价值观，并通过商业的手段传播出去，将成为中国文化战略的主脉——身为中央企业的华侨城自然应当成为这一战略的主要承担者之一，与国家软实力战略实现最强共振。

第二，文化将成为推动社会体系升级与重塑的关键抓手。2016年11月30日，习近平总书记在中国文联十大、中国作协九大开幕式讲话时强调：“坚持文化自信，是事关国运兴衰、事关文化安全、事关民族安全、事关民族精神独立性的大问题。”在文化升级这个命题上，商业与公益可实现完美的统一。

第三，和君咨询认为，文化产业将成为所有第三产业的“基干产业”。正如电子、化工、机床等基础工业作为第二产业的“基干产业”一样，文化产业将成为支撑未来中国服务业不断迈向高端的基础力量之一。小到开个餐馆、卖件服装，大到建个小镇、经营城市，文化元素乃至文化 IP 都将成为提升价值和盈利空间的“炼金术”。

综合上述分析，和君咨询建议：“文化”应成为华侨城集团的底色产业定位，而“旅游”是实现文化价值的具体方式，城镇化是实现文化价值的载体。

更进一步，通过“文化 +”战略的延伸，将华侨城的文化优势投射到互联网、娱乐休闲、影视动漫、数字出版等领域，将从一个更高产业格局全面拓展华侨城集团的产业生态和战略纵深！

思考三：科技浪潮。科技创新与科技革命正成为推动世界迈入全新世代的根本性力量。

在新技术浪潮冲击下（**互联网时代的来临也源于技术创新驱动**），一系列传统行业和商业模式面临全新竞争、彻底改造或全面颠覆。

当下，文化旅游行业的发展动力正在由资源要素驱动转向科技创新驱动。人工智能、虚拟现实 / 增强现实、物联网、大数据、模块化建筑技术及大健康技术等应用可以催生新的商业模式，促进产业效率提升。VR、AR 技术将会成为旅游景区、购物中心、博物馆、主题公园的基本配置，虚拟景区平台等模式对传统旅游景区造成冲击。随着 80/90 后中产阶级和年轻群体成为新消费主力，这种消费趋势将迅速成为现实——未来已来！

作为一家总部位于深圳的中央企业，华侨城应该时刻走在时代前沿，积极关注新科技的发展，并将文旅与科技的全面融合提升至集团战略的高度来构建和推动，高举高打建设华侨城特色的“互联网时代梦工场”，运用科技手段如工厂般批量制造文化 IP 与文化内容。华侨城旗下的电子板块——康佳集团，作为国内领先的电子信息企业，更应该成为科技创新和科技应用的急先锋。

从更长远来看，科技力量将会重塑一个全新的华侨城——创想开启美好生活！

思考四：产融互动。重构华侨城集团立体的金融资本能力，以融助产全力推进新时期集团战略升级与转型。

自2009年华侨城实现整体上市之后，华侨城集团旗下的所有资产都各归其位，基于所属的上市公司实现专业化发展，做强做优。而华侨城集团总部则弱化为一个控股平台和扮演与国资委上传下达功能的行政性机构，部门设置也处于极简状态。

而接下来伴随华侨城集团顶层产业的升级转型变革需要，集团总部势必全面升级和重构，产业并购和新业务投资功能为重中之重。基于这样的发展趋势预测，华侨城集团应重新思考多层次资本能力体系的建设，并将其纳入整个集团战略。

具体而言，我们提出了三条建议。

第一，统筹发展金融业，致力于成为“全牌照金融”平台、“文化金融”创新平台和“战略新兴产业”投资平台，构建证券、银行、保险、信托等金融体系，为文化、旅游、新型城镇化、电子产业提供有力的资本支持。

第二，依托全球范围内发达成熟的资本市场和资金市场，发挥重要的跨境投融资平台作用。

第三，设立战略性产业基金、创投基金等投资平台，并最终从集团整体构建起“基金+上市公司+项目”耦合互动的“FLA模式”，以产促融，以融助产，从战略高度探索“华侨城特色的产融互动模式”。

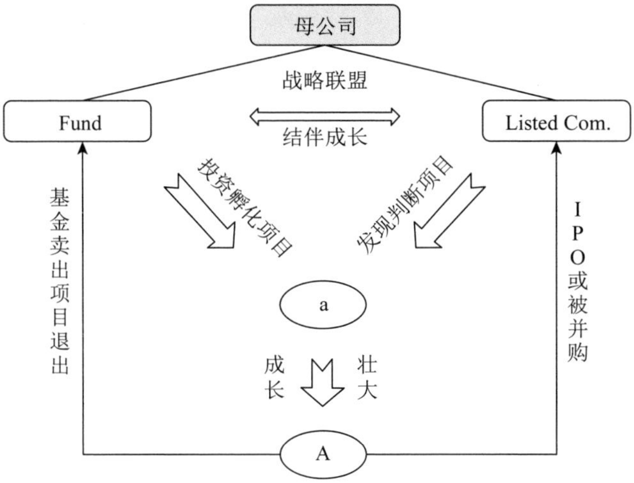

和君咨询 FLA 产融互动模型在项目中的应用

三、华侨城集团的战略构建与推进：中国文化产业领跑者、中国新型城镇化引领者、中国全域旅游示范者

在前期核心思路扎实，战略的构建就顺利很多。经过与客户的深度探讨，项目组最终形成了华侨城集团顶层的战略规划，核心内容如下。

进入新时代，华侨城集团应紧跟国家新型城镇化战略，在“创新、协调、绿色、开放、共享”五大发展理念的指导下，以“文化+旅游+城镇化”和“旅游+互联网+金融”的创新发展模式，支持康佳积极推进“科技+产业+城镇化”的战略落地，围绕“中国文化产业领跑者、中国新型城镇化引领者、中国全域旅游示范者”的战略定位，通过产业“文化化”和文化“产业化”，基于当前主业，形成文化产业、旅游产业、新型城镇化、电子产业及相关业务投资五大发展方向，探索“文化+”模式，从战略、体制、技术、产品、商业模式等维度全面创新，形成特色发展之路，实现跨越式发展。

华侨城集团中长期发展战略解析如下。

中国文化产业领跑者：文化产业的发展，根植于国民文化生活需求。随着我国经济发展进入新常态，文化产业正在成为推动经济转型发展的重要力量，对于提升经济发展质量、拓展产业发展空间、促进消费结构升级发挥着重要意义和作用。华侨城集团与时代并肩，积极投身文化产业建设，提升公共文化水平，提振中国文化自信。华侨城集团通过对文化主题景区、文化主题酒店、文化艺术、文化演艺、文化创意产业、文化科技、文化节庆及相关产品制造等诸多领域的经营，引领中国文化产业跨越发展。

中国新型城镇化引领者：华侨城集团紧随新型城镇化国家战略，结合三十余年“造城”经验，提出“文化＋旅游＋城镇化”创新发展模式，全国开拓布局，探索城镇化建设的新路径、新标准，倡导可持续发展的“土地伦理观”，支持“100个美丽乡村”计划，通过向传统城镇导入“文化+”“旅游+”“科技+”相关产业，带动当地经济转型升级，为中国城市化进程提供新的实践范本。同时，在遵循“可持续发展的土地伦理观”、坚持“以人为本”开发理念的基础上，坚持产业引领，尊重、保护和融入当地历史文化，构建“望得见山、看得见水、记得住乡愁、留得住文脉、城乡居民共同富裕”的美丽图景。通过文旅及科技产业向城镇持续赋能，更好地满足人民对美好生活的向往。

中国全域旅游示范者：华侨城集团现阶段的全域旅游重点布局在云南和海南，旨在立足得天独厚的旅游资源，开发全域旅游。通过景区赋能管理、并购和兵团作战模式，形成众多景区搭建的市场化平台。

四、华侨城集团的组织体系重塑——打造“军委 + 战区 + 军种”的新集团组织模式，实施组织功能—结构—运行关系的一致性设计

在新发展模式下，和君咨询帮助华侨城集团在组织模式上实现从“虚拟总部 + 上市公司 + 项目公司”的组织结构到“军委 + 战区 + 军种”式的强总部领导下的类矩阵型组织结构的转变，使得集团各类资源在市场一线的各“战区”得到高效汇聚，真正实现“让听得见炮声的人来指挥战斗”，确保了集团发展战略升级转型效果的快速显现。

在新愿景、新战略下，新架构、新机制的探索大力突破束缚，充分点燃了华侨城集团上下的发展劲头，越来越多的人才奔赴“战区”一线，迅速成长为“将才”“帅才”，同时越来越多市场内的优秀人才奔涌而来，“产业平台 + 人才生态”的格局显现！

TWO 二

母公司的定位与价值

从理论上说，母公司与集团总部的概念是有所区别的，在一些情况下，二者的内涵和边界并不完全重合。不过，在我国的大多数企业集团中，母公司实际上发挥着集团总部的作用，故在本书的论述中将二者视为一回事。

在我的管理咨询职业生涯中，已经为数百家集团型企业提供过战略和管控咨询服务，在这些样本中，大多数集团总部的干部，甚至母公司老板无法准确、完整地说清楚母公司/总部应该发挥哪些功能、创造哪些价值。据 Conference Board 曾经做过的一项调查数据显示，全球范围内有 44% 的集团总部并不知道自己的角色和职责是什么。

我们知道，母公司/总部的功能定位是整个企业集团各层级组织机构功能定位的前提和锚点，如果母公司/总部的功能定位不清晰，那么必然会导致整个集团管控体系的混乱，更意味着整个集团经济模式是模糊或缺失的。长此以往，会造成集团整体效率的降低、集团规模或范围的不经济，以及集团竞争力的丧失、系统价值的损毁，甚至引发动荡崩溃的系统性风险。

可见，关于“母公司价值”的话题不但对于整个集团体系的设计至关重要，同时也是集团经济效能能否有效体现的关键。甚至我们可以作出这样的论断：企业集团间的竞争核心表达为母公司之间的竞争。

不同功能型的母公司将在不同维度上发挥母公司价值。常见母公司功能型可归纳为四类，分别为：出资型母公司、赋能型母公司、发展型母公司和构建型母公司，其背后标志着各自的风格文化和专业能力。

1. 出资型母公司

一般存在于这样的场景：子公司业务比较稳定、具有较为可靠的发展预期、公司治理体系比较清晰而完备、自身管理比较成熟、外部监管较为严格，常见于上市公司。同时，母公司的主要诉求是追求资本的稳定回报和安全，或者仅仅作为上级控制者的持股平台，常见于投资公司或国资委旗下的“两类公司”（即国有资本投资、运营公司）。

在这种功能定位下，母公司的职能主要表现在投资组合管理、资本运营、产权与资产管理、财务管理、风险合规管理、审计与监督、下属单位核心管理人员（如 CEO）的任免等，即使母公司设有战略管理部门，但通常主要是作为本级发展的参谋机构。在国资委体系中，还有一类母公司的职能更加简单，它们主要代表国资委作为一些实体国有企业的持股平台，其所谓的管理职能主要表现为“上传下达”。

在这种情形下，母/子公司之间的管控关系相对较弱，母公司更加关注子公司能否带来预期的财务回报，而对子公司具体的经营管理干预较少，至多会通过其在子公司董事会中的席位来影响子公司的若干重大决策，但通常主要是否定那些可能对预期回报造成重大威胁的决议。而当子公司股权相对分散、管理层内部人控制力较强时，母公司有时也会选择“用脚投票”的方式来保障自身的投资安全，以及向子公司管理层施加一定的影响力。

2. 赋能型母公司

这类母公司常见于如下场景。

场景一：“长姐代母”型母公司，即母公司体系内既有管理职能又有业务部门，随着对外投资或外延式收购（通常是与母公司原业务相同或类似的业务）演变成集团型企业，由于新设企业或被并购企业初始规模尚小，没有必要在管理职能建设方面做到“五脏俱全”，而更多依靠母公司的相关职能部门提供相应的专业和管理支持。

场景二：母公司以获取子公司的经营利润分红为主要的收益模式，而不仅仅靠投资或资本运作获利，同时母公司发现在各个子公司之上具有发挥“范围经济”的可能性。这类集团的母公司旗下各子公司的业务和产品存在一定的多元差异性，由于各子公司存在重复建设的职能，导致各自效率的拖累和资源的浪费，需要在母公司层面集约建设并形成对各子公司的公共服务职能，这本质上是一种集团内专业再分工的逻辑。当母公司的一些公共服务职能做得足够专业和高效，还可能选择向集团外市场提供服务产品，甚至还会演化成为一家专业的服务公司，从成本中心跃迁为利润中心。

场景三：母公司利用其自身更高的系统视角、相对超脱（于具体业务经营）的系统角色、更加广泛而丰富的外部链接能力，以及更加密集的专家资源等，形成了超越各子公司具体业务视角之上的升维战略研究和思考能力，同时将这些高价值的战略洞察向下输入给各子公司经营管理层，引导他们做出更具前瞻性或更具精准性的经营决策。

赋能型母公司着力打造的常见职能包括但不限于：财务共享、集中招聘和培训、法律服务、公共关系、知识共享等公共服务；优秀的母公司可能不会仅限于对子公司重复职能的集约和共享，它们可能会主动发育具有更大价值的赋能服务，去做更多子公司想不到、想到而做不到的职能和能力，例如更强的战略研究和价值洞见能力；优秀商业模式和成功经验的提炼总结并复制输出能力；大数据的存储、挖掘和新价值发现的能力；从更高的系统位势出发，整体横向协调各子公司，打造集团层面的集整商业模式的能力；甚至会在母公司内部建设一支强大的内部咨询团队，指导各子公司持续优化战略和管理。

“赋能”是这几年新热起来的一个概念，其本质上是打造母公司“母合优势”的重要手段。迈克尔·古尔德等人著的《公司层面战略》算是较早期注意到企业集团内部多层次战略问题的著作之一，该书中提出了一个很重要的概念——“母合优势”，即指集团母公司为主导的价值创造能力及效果的总称。具有母合优势的企业集团，其下属业务单位不仅仅应比其作为独立经济体时表现更好，而且还应该比任何其他母公司属下表现得更好，即所谓的“最佳母公司”。古尔德进一步在该书中提出了母公司价值创造的四种主要方式：第一，业务影响，母公司通过这种影响增进了独立业务单位绩效；第二，连接影响，母公司通过这种影响增进了各业务单位之间的价值连接；第三，职能和服务影响，通过这种影响为各业务单位提供职能上的领导和具有成本有效性的服务；第四，公司发展活动，指通过改变业务单位组合构成的方式创造价值。

3. 发展型母公司

发展型母公司未必会介入各子公司的具体运营之中，但往往非常在意各单位战略上的整体性和统一性。即母公司首先必须牵头制定整个集团层面的顶层发展战略，这个战略通常既表达出长周期的特征，战略框架上又注重体现集团作为一个整体的发展诉求，而非各子公司战略的拼盘加总；相反，各子公司一般来说被严格要求在集团顶层战略的总体导向和要求下形成自己的战略。所以，发展型母公司下的业务单位在制定自己战略时要面临双重条件的约束，第一是自己在集团整体战略中的发展定位，第二是自己面对的内外部客观环境的影响。当然，一个明智的集团层面战略肯定不是一拍脑袋的空想，本身应是一个科学严谨的调研和论证过程；同时，子公司战略的形成并不是被动地接受来自母公司的行政指令，而应是不断将外部市场的环境变化及自身的实际问题向母公司进行反馈，经过若干次上下互动的过程，最终形成既有前瞻性又有现实指导性的集团整体战略。

发展型母公司往往长期聚焦在某个战略领域（或若干具有强关联性的战略领域），其领导者通常是具有强烈使命感和事业雄心的企业家，以及较为强大的专业职能团队。与子公司相比，他们更加高瞻远瞩，心中怀有更加高远的梦想；他们善于从全局利益出发，信奉以终为始的发展哲学，在大目标之下，不计一城一地的得失；他们有坚定的信念和百折不挠的决心，哪怕暂时遇到挫折而回撤，但在他们心中这只是为下一次更猛烈进攻积蓄力量。所以，发展型母公司的领导者是天生的战略家和事业家，他们给公司带来的价值不仅仅是物质资源上的，更多是愿景蓝图和精神动力层面的力量。

上述功能要求发展型母公司自身必须要有战略，即母公司层面的战略。一方面，母公司战略要明确在集团整体战略框架下自己需要牵头完成的任务，例如未来产品的孵化、新战略性市场的开发、前瞻技术的预研、新战略机会点的预埋、新战略板块的布局等。另一方面，母公司战略还要回答自身组织能力的长期建设问题，例如战略引领、政策制定、资源配置、投资组合、业务组合、资本运营、管控能力、横向协同能力等，确保自己始终保持为一个具有领导力的、相对强势的价值型母公司。

当然，强势母公司的存在可能会带来母 / 子公司关系的紧张。对子公司而言，更大的挑战或许不是年终“是否”完成了预定的各项考核指标，而是要在年初就要缜密回答计划“如何”完成战略指标。所以，对于发展型母公司领导下的企业集团，战略质询会是必要的，并且要花费较大精力开好。

此处有一个重要提示：发展型母公司通常更喜欢同样具有企业家精神的子公司领导者，而不仅仅是被动的执行者。聪明的子公司并不会把母公司看成令人讨厌的统治者，而是一个可以充分借力的合作伙伴。因为集团整体战略通常是框架性的，在具体的实现策略上往往会有一定的留白，这给一部分聪明的子公司向上进行战略营销和卡位带来了机会。具有企业家精神和能力的子公司领导者不但善于关注外部市场的机遇，而且非常善于紧盯集团的发展动态，不断将自己的发展诉求向上嵌入集团的整体发展蓝图之中，或者主动承接对集团具有重大意义、同时也与自身利益一致的战略工程或任务，由此引导更多的集团资源流向自己。少数具有优秀战略思维的子公司还会选择“升半格”制定自己的战略，即站在集团“产业板块”的维度去制定自己的战略，言外之意是向集团表达自己可以承担集团某战略板块的发展和组织工作，如果其战略构想和自身的能力赢得了母公司的信任，甚至可能会将原本分布在其他子公司中的同类业务或资产划转至这个子公司去统一经营，推动它从子公司向产业子集团升格。

拓展阅读

EXPANDING READING

宗申产业集团——卓越发展型母公司领导下的集团升级与转型之路

（注：2011 年起，我作为宗申集团的常年战略顾问，连续十余年为该集团提供战略和管理咨询服务，不但深度参与了宗申集团和各下属单位战略规划和组织优化方案的设计，而且见证了这家知名企业持续的升级蜕变和成功穿越周期。如下内容节选自我 2019 年的一篇文章《与时代同频，与国势共振，以终为始构建多条成长曲线接力撑起“百年宗申梦”》，故相关信息是截至 2018 年的情况，不体现最新的战略变化）

2018 年 10 月 24 日，全国工商联举行新闻发布会，发布由中央统战部、全国工商联共同推荐宣传的“改革开放 40 年百名杰出民营企业家”名单，以宣传民营经济发展巨大成就，展示民营企业家风采。推荐的民营企业家由在改革开放早期创业、知识分子下海、留学人员归国创业、大众创业和万众创新等不同阶段中涌现的优秀代表组成，这些企业家带领的民营企业不一定规模领先，但均在创新性、稳健性、示范性、社会性等方面展现出了综合成就。

“名单”中有一位重庆企业家，从 1982 年下海创业至今，经历了改革开放初期短缺经济环境下的产品供不应求阶段，到 21 世纪之初我国加入 WTO 之后民营经济的飞速扩张发展阶段，到 2013 年中国移动互联网爆发元年开启互联经济创新浪潮，到

2018年全球变局，再到接下来5G时代万物互联、人工智能、产业互联网开启新一轮产业革命。在面对一轮又一轮产业发展变迁和市场淘洗，他竟能够在长达40年的时间里，始终保持着创新的意识和持续改革的勇气，率领以他的名字命名的企业集团稳健地穿越一次又一次市场与经济周期，并始终行驶在大时代的潮头。

这家企业从一个路边摩托车修理铺白手起家，一步步发展为一家行业知名的大型企业集团，业务遍布欧洲、美洲、中东、东南亚和非洲的150多个国家和地区，在全球拥有员工逾万名；成为中国摩托车行业的领军企业之一，在中国摩托车工业史上占据着非常重要的位置。该企业不仅在行业内规模领先，而且在创新性、稳健性、示范性、社会性等综合方面成绩显著，得到了政府、合作伙伴、员工和社会的高度认可。在同行业多家企业陷入资金链断裂、多元化迷途等经营和管理问题的时候，该企业一方面在存量主业升级优化上保持着稳健的发展节奏，另一方面在增量新兴产业突破上亮点频出、渐成局面；传统产业与新兴业务互相拱卫、耦合协同，共同在集团顶层融合为“产—融—网”一体化的平台级集团经济效能。

这家企业就是重庆宗申产业集团有限公司（以下简称宗申），这位企业家就是左宗申。

一、白手起家，宗申事业的第一轮腾飞：从摩托车修理铺到跨国产业巨子的嬗变，专注于热动力产业链的匠人与匠心

20世纪80年代初的中国，晨光熹微，所有耕耘都在默默进行，历史华章也常常诞生于微末。

20世纪80年代的重庆，车还很稀少，道路还很安静。

1978 年，党的十一届三中全会开启了改革开放和社会主义现代化的伟大征程，如春雷炸响，激荡起一批锐勇年轻人内心的涟漪，波澜翻涌。他们尝试着抛下所谓的“铁饭碗”，开始了下海——重庆巴南王家坝一条不起眼的公路边就是左宗申创业的地方。

1. 摩托车修理铺

20 世纪 80 年代初期，左宗申辞去当时被视为“铁饭碗”的重庆瓷厂的正式工作，开始从商生涯。然而，时运不济、屡受挫折的左宗申十分痛苦，他说：“消沉的情绪使我一度想放弃我的理想。当时我已经快是而立之年的人了，俗话说‘人过三十不学艺’，我本想就这样平平淡淡地度过一生算了，但没想到后来却与摩托车结了缘。”在妻子再三劝说下，左宗申跟大舅子学起了摩托车维修。从第一次为一位小伙子的车开箱后再也装不起来的尴尬场面，到一听发动机轰鸣声就能判断车有没有毛病、毛病出现在什么地方的精湛技术，他吃尽了许多常人无法忍受的痛苦。

1982 年，妻子把娘家在巴南区王家坝一间临街的住房腾出来，又在外面用牛毛毡搭起了一个小棚，开启了左宗申摩托车维修的生意。“干摩托车修理的，一蹲就是一天，一般人都吃不下来这个苦。修理店虽然在城郊，但是当年这里生意红火，门庭若市，靠的就是质量和口碑。”时间一长，左师傅的名声开始打响，修理铺的生意越来越红火。8 年下来，左宗申攒下了第一个 10 万元。

2. 组装摩托车发动机

1990 年，左宗申帮助朋友到重庆南岸五中校办摩托厂买三轮摩托车时，发现校办工厂的生意很好，学校周围的旅馆都住满了等待提车的人们。左宗申想：自己修理摩托车发动机轻车熟路，为何不自己组装几台呢？

1992 年初，左宗申攒足了 20 万元，又筹措了 30 万元，成立重庆宗申摩托车科技开发有限公司，正式进军发动机制造领域。一个修理匠就这样迈进了摩托车工业的门槛。

从此，宗申的第一成长曲线开始起步。

带着新生的喜悦，凭着精益求精的执着精神与沉淀的精纯技术，宗申 70CC 发动机在市场获得极大成功。1992 年，正是中国摩托车产业生命周期的起步阶段，市场环境相对稳定，市场需求旺盛，行业利润高，行业内的竞争者很少，每个公司都可以从快速增长的市场中获得成长。到 1995 年，宗申年产摩托车发动机 15 万台，在“中国 500 家最大私营企业”中排名第 23 位。

3. 进军摩托车整车制造

同年，重庆宗申机车工业制造有限公司成立，开始进军摩托车整车制造。1996 年 8 月，宗申机车工业制造有限公司第一辆成车下线，至此，宗申完成了从发动机生产到摩托车制造的跨越。

一年后，宗申凭借技术和产品基础，借势快速发展。1998 年宗申集团正式挂牌成立。

4. 聚焦热动力技术枢纽能力的产品多元化

大量的人才、先进的设备、稳定的研发投入，确保了宗申源源不断的精良产品输出，从 50CC 到 500CC，随着产品数量的增加，产品如何转变为经济效益也逐渐成为宗申成长过程中面临的一大难题。中国的摩托车市场在世纪之交开始逐渐从卖方市场向买方市场转变，企业的核心竞争力也开始从技术和产品，向技术和产品与品牌和渠道并重转变。

当时，宗申已经拥有两大工厂，在许多人眼里已经不小了，但企业家左宗申的志向不止于此。2001 年，占地 1300 亩的宗申工业园开工奠基，宗申已经不满足于简单的发动机和摩托车产品生产，而是瞄准整个热动力产业链的打造：两轮车动力系统、三轮车动力系统、四轮车动力系统、通用动力、农用动力机械、柴油动力、电驱动动力及相关终端产品、左师傅维修网络等。这样的大手笔，在宗申驶向全球化的过程中，只是冰山一角。此后，从巴山渝水到神州大地，从泱泱华夏到世界各地，宗申在重庆、广州、江苏等地，以及越南、泰国、巴西等国布局，为产品全球化奠定了坚实的基础。

随着宗申摩托车队在国际赛场的纵横驰骋，宗申的品牌也逐渐从重庆走向全国，从中国走向世界。

5. 从家族企业到跨国上市公司

2001 年，通过收购成都 ST 联益借壳上市，宗申迈出了资本运营的第一步；2004 年，联益更名宗申动力（股票代码：001696），于深交所挂牌交易；2005 年，宗申另一只股票——宗申派姆（股票代码：ZPP）在加拿大多伦多挂牌交易；2007 年，宗申动力与宗申派姆成功进行定向增发，通过资本市场融资近 10 亿元人民币；2010 年，宗申机车整合燃油摩托车业务和宗申派姆电动摩托车业务，实现整体上市。

这一系列成功运作的背后，是宗申从家族企业的粗放式管理到职业经理人精细化管理和现代企业制度建立的艰难跨越。

21 世纪初，中国摩托车市场进入低速增长期，随着国外竞争对手纷纷进入，以及市场买方议价能力的提升，不断压缩行业的平均利润空间。除了外部环境的变化，宗申还面临来自内部的压力，主要包括盈利能力的保持、产品及新市场的扩张、管理控制模式和组织效率等，而此时的宗申仍是一个典型的家族企业，已经难以应对内外部压力带来的挑战。

经过反复思量，左宗申力排众议，实施股权改革，坚定推行去家族化进程，引进大量职业经理人，逐步建立起现代企业管理制度。

在去家族化和引进职业经理人的过程中，宗申经历了直线制、直线职能制、事业部制、大公司化分线管理的组织架构和管控模式调整，从集权到分权、到再集权的过程中，宗申一步步建立起现代企业管理制度，打开了自己的“组织天花板”，支撑着战略的布局和业务的扩张。

至此，从重庆巴南王家坝一条不起眼公路边的摩托车修理铺，到规范化管理的国内外资本市场上市的跨国公司，左宗申用不到30年的时间，以自己的天赋、汗水和智慧化成遒劲的笔锋，描绘出了宗申的第一条成长曲线，成就其重庆“摩帮”领袖的地位。

二、第二条成长曲线的探索与构建：从“无序”多元化扩张到“两主一长”战略布局，产融互动实现发展模式突破

一方面，随着热动力产品簇的不断丰富及产业链条的打造完备，宗申不可避免地在持续增长愿望的驱动下，开始从产品多元化走向产业多元化。

另一方面，2005年前后开启的各大、中型城市“禁限摩”运动，使得整个中国摩托车市场面临着断崖式的政策性萎缩，彼时已有180多个大、中型城市推行“禁限摩”并持续至今。在这种局面下，走向产业多元似乎更成了一种被迫无奈之举。

1. 起步并不顺利的产业多元化之路

由于宗申在行业及当地商界上的影响力，几乎每天都有主动找上门来的项目，经营办公会几乎变为投资项目讨论会。几年来，宗申在多个产业领域广泛播种，通过投资收购等手段，一度将投资触角延伸至汽车、新能源、生物、房地产、担保、小贷、矿业等领

域，也确实曾经凭借其前瞻性的眼光和敏锐的嗅觉投到了不少事后被证明是非常不错的项目，但结果却大多是浅尝辄止，没能坚持到几年后的行业爆发期，应了那句话：总是起个大早赶个晚集！

随着“浪费”掉的产业迁移机遇越来越多，同时受摩托车主业持续下滑的经营压力，宗申从组织层面逐渐陷入一个巨大的战略发展矛盾和疑虑之中，感觉遭遇了发展的“魔咒”。于是宗申集团开始寻求战略管理咨询公司的帮助。2011 年，我作为项目经理率咨询团队进驻宗申，为宗申提供集团战略的构建与规划咨询服务。

2.“百年宗申”与“百年长考”

咨询项目组一进驻宗申集团即开展了为期两周的深度调研，后形成了全面的诊断意见。其中两点认知最为关键。

第一，宗申集团具备产业迁移和升级转型的良好硬件基础和能力。

① 实力雄厚的资本实力：当时集团旗下有一家主板上市公司、一家海外上市公司，银行授信好，融资能力强，集团现金流良好。

② 扎实深厚的技术底蕴：拥有国家级企业技术中心、国家级监测中心、国家级工业设计中心，尤其在小型热动力领域拥有全国领先的技术实力。

③ 唯实唯新的管理团队：运营管理上早些年学日本，加上大量优秀职业经理人的引入与自我创新，管理水平很好；由于一些人员离开，输出到其他企业并升格担任高级管理者，宗申成为川渝地区职业经理人的“黄埔军校”之一。

④ 果敢坚毅的领导风格：老板作为知名企业家，拥有天然的使命感、超强的领导能力、卓越的全球视野和国际人脉，带领集团历经白手起家、整车制造、品牌建设、全球化布局、多元化发展等一系列挑战。

⑤ 锐意开拓的国际阵线：进军越南、泰国等东南亚市场。进军巴西购地建厂合资生产摩托车。携手美国MTD，主攻通机产品。联姻摩托车国际巨头意大利比亚乔，新的摩托车品牌——宗申比亚乔进入了中国人视野；1946年电影《罗马假日》风靡全球，其中浪漫的爱情故事感染着每一个人，流传至今，而奥黛丽·赫本驾驶的那辆踏板车就来自意大利比亚乔。

然而事实证明，硬件基础并不是一家企业达成战略目标最关键的决定因素。

第二，战略思考的深度不足和深度战略共识的缺位才是导致宗申集团彼时战略转型升级效果不佳的根本原因。

① 有规划无战略。这其实也是很多企业认知上的误区：即将“规划”等同于“战略”。事实上，二者的内涵和侧重点是不同的。规划只是将已经识别出的发展方向与策略方法用“目标—路径—举措”的逻辑进行编译的过程；而战略则更加注重前置的思考过程。战略不仅仅只是针对内外部数据信息的定量或定性分析，更重要的是对动态复杂局面的洞彻性认知，是对本质规律性问题的思考，是对重大趋势的研判和假设，乃至是对“我是谁”“我要向哪里去”“我为何是我”“我之所以是我”等形而上问题的哲学拷问。战略是根本，规划是形式；战略是内涵，规划是呈现；战略是认识论，规划是方法论……很多企业忙于对规划的编制和执行，却常常忽视了更为前置的对战略的深刻思考，这往往成为很多企业面临重大战略选择时的决策障碍，或成为规划推进过程中缺乏战略“定力”的背后原因，甚而更具象地导致发展机会主义、短视行为的盛行——宗申当时也正面临这样的问题。

② 有目标无共识。很多人认为制定了组织发展目标并获得大家

的认同和接受就是达成了共识，这其实只是一厢情愿的想法；尤其对于一家大型的、多业态、多层级、多种组织形式、多样员工组成的集团型企业，“共识”这个概念则远不是我们通常想象的“一百年不许变”般的童戏，而是一项非常艰巨繁复的工作。真正战略共识的背后其实意味着整个组织要有共同的思考方式、共同的核心价值观、共同的心灵契约及共同的交流语境——对于当时拥有多元业务板块、数十家子公司、多样化构成的经理人队伍、上万名员工组成的宗申集团，战略共识的深度达成其实是一件非常难的课题。

鉴于此，我们判断：宗申集团的根本需求并不是一份战略规划方案文本，而是借助战略管理咨询团队的力量，共同推动集团重新凝聚战略共识、重建组织发展的共同心灵契约、统合内部沟通的战略语境。这不仅仅只是关系到本次咨询项目能否顺利完成，更为重要的是其关切宗申集团能否顺利持续地驶向更长远未来的历史性举措！

于是，咨询项目组决定，首先从“百年宗申”的发展愿景出发，展开“百年长考”，推动宗申集团以“百年时空”为参照系，直面若干关键发展矛盾，如：时间与空间、即期与远期、自然与人造、刚性与柔性、重与轻、长与短、投资与投机、业务与能力等。在咨询项目组的引导下展开大讨论、长思考，把矛盾摊开、把问题谈透、把思考做足、把理念统合，为后续战略设计和目标规划的编制奠定坚实的组织认知基础。

3. 以终为始的战略思维与构建型战略

企业战略思想与理论历经数十年的发展已形成丰富的理论丛林和各种流派，但说到底无非归纳为两种思维模型：分析型与构建型。

分析型思维强调注重客观现实和选择性适应，从资源现状与能力基础出发，注重数理逻辑，通过分析研判制定“跳一跳够得着”的发展目标。

构建型思维则以企业的使命和主观诉求为“第一驱动力”，从愿景出发，注重规律解构，强调以终为始、主动设计、靶向营造。

可见，两大战略思维背后体现着不同的世界观认知和差异化的设计逻辑。当然，在现实世界，这两种思维并无泾渭分明的边界，也不存在孰优孰劣，而是有各自的适用情景，在哲学层面又辩证统一；正像物理学中的量子力学与广义相对论，虽适用于解释不同的视界规律，又作为两大物理学理论基石辩证统一于一个“大统一理论”。

回到企业战略问题上，当一个企业处于初创期和发展期，组织层面总体上处于“单体公司”阶段时，由于自身资源和实力的有限，顶层使命意识混沌或蒙昧，采取分析型思维，如动物般“应激式”地适应外部环境，趋利避害，是最正确的选择。

然而，随着企业规模的不断扩大、实力的极大提升，以及主观意志和使命感的强烈觉醒，则需要从企业顶层大力引入构建型战略思维，强调整体式布局和对外部环境的反向影响和生态链改造，从更大范围、更多维度汇聚发展力量，以目标牵引能力构建，而非以能力现状决定发展目标。

综上，对于一家集团型企业而言，应该辩证融合这两种思维和方法，越往顶层越要提倡构建型的战略思维，越向基层则越要强调实证主义的分析型战略。

针对当时宗申集团存在的结构性缺失，我们重点从顶层引入“构建型战略”，以终为始地从发展定位、发展模式、产业组合、资本规划、横向协同、核心能力等方面系统构建集团战略体系。最终达成宗申集团在“十二五”期间“两主一长，前移纵深，产融互动，系统集成”的发展脉络。

在上述主线下，宗申集团一方面勾勒出更为宏大的战略性产业版图，另一方面基于核心能力圈和“产业枢纽区”设计产业延伸路径，并逐步坚定布局了航空发动机、通用航空、新能源装备、大型农机等产业，从一家以摩托车制造为主的企业向“两主一长”（**成为主流长周期产业中的主流企业**）目标持续迈进；同时以产促融，不断提升自身的金融力量，最终实现以融助产、产融互动的良性格局。

至此，“两主一长”构成了宗申集团的第二成长曲线，这条曲线帮助宗申从企业家到管理层完成了对作为复杂系统的集团发展的顶层思考，实现了从魂魄未定到找到定海神针的转变，将持续引领宗申未来百年发展。

目前这条成长曲线依然在稳步上升中。

三、第三条成长曲线：从“产融网 1.0”到“产融网 2.0”，演绎着宗申集团从“+ 互联网”到立体构建产业互联网平台生态的精彩剧情

1. 移动互联网浪潮与宗申产融网 1.0

2013 年，在 4G 牌照正式发放的加持下，中国移动互联网迎来了爆发元年。

霎时间，从各大高峰论坛到市井街头，人们谈论最多的字眼就是“颠覆”；几乎所有人都在一夜间被抛掷到一个全新的时代，新鲜陌生。“互联网思维”“互联网转型”成了热门的话题，“死亡”还是“重生”成为当时每位企业家内心的炙烤和煎熬。

而现实中，新生与摧毁在激烈上演。移动互联新模式在自我快

速迭代的同时，也在不断摧毁一个又一个传统商业，一系列传统行业和商业模式面临全新洗牌、彻底改造或全面颠覆：亚马逊 VS 沃尔玛、淘宝 / 京东 VS 百货和传统商业、微信 VS 三大运营商、阿里 / 腾讯金融 VS 传统银行、苹果 / 小米 VS 诺基亚 / 摩托罗拉、余额宝 VS 传统基金、移动支付 VS 传统信用卡、乐视电视 VS 海信 / 康佳、Uber/ 滴滴 VS 传统的士、特斯拉 VS 传统汽车、SpaceX VS 传统火箭等。

这种巨变更推动了移动互联新经济的狂野生长，带来产业结构的深刻调整。几乎所有人都意识到：无论是做企业还是做投资，无论是就业还是创业，用过去的经验指导现在的自己走向未来将是相当危险的；过去的经验和打法失灵了，过去的战场不在了，要发现新战场或更换新打法；更新思维、观念、知识、能力、心态、习性成为每一个企业的任务——和君集团董事长王明夫这样描述移动互联网带给传统商业社会的冲击，对于这种冲击造成的影响，他进一步形容：路上没有马也没有兵，但企业家们还是有兵荒马乱的感觉。

就在这一历史当口，宗申不仅没有“兵荒马乱”，而且在和君咨询王绍凯团队战略咨询项目组的助推下，迅速调整战略姿态，全面拥抱“+ 互联网”的时代趋势，具体表现为：宗申坚定自身的制造业底色，以第一条成长曲线和第二条成长曲线所构筑的产业优势和资本优势为核心能力圈，全面运用互联网思维、技术和模式改造自身，重构平台；确立了产业为本、金融为器、网络为基的“产融网三位一体融合发展”新战略，并以此为主线引导了宗申在全新时代的持续战略布局和能力发育。

① 产业为本——以智能交通和中高端通用机械产品研发与制造为主的实体产业群，包括：新能源动力系统、航空发动机、摩托车

发动机、通机、两轮车、三轮车、中小农机、“三基”产品等。

② 金融为器——以产业链金融服务为主的金融业务群，包括：小贷、保理、融资租赁、银行、基金等。

③ 网络为基——以汽摩产业链和泛智能交通场景为依托的三大产业互联网平台，包括工业互联网平台（**忽米网**）、汽摩产业金融赋能服务平台（**车云数科**）、汽摩产业新零售平台（**物必达—左师傅**）等。

回过头来看，在产融网战略的构想下，宗申事实上早从2014年起就已经开始战略性迈入“产业互联网”时代。

2.“百年未有之大变局”与未来全球50年终局图景的展望

2018年6月22日至23日中央外事工作会议上，习近平总书记发表讲话时指出：“当前，我国处于近代以来最好的发展时期，世界处于百年未有之大变局，两者同步交织、相互激荡。”

若以百年时空观来重新审视当下，我们极大可能正处于两个世代的交合处，更具体来说，我们正处于第三次工业革命尾声，同时全人类都在迫切期待一个更加波澜壮阔、恢宏展开的第四次工业革命时代的开启。

从著名的康德拉季耶夫周期理论（50～60**年为轮回的长波周期**）来看，从20世纪60年代以摩尔定律为内在引导规律和内驱力的电子信息产业的兴起和全面蔓延引领了全球第三次工业革命浪潮，时至今日，越来越多的迹象和共识表明，这种动能已接近理论的边界，产业创新增长的势头在放缓。

这将意味着什么？

这将意味着全球经济正在进入一个存量博弈的阶段——存量生产力水平下存量资源和存量发展空间的竞争。

由此可见，如何引领并推动全球经济尽早走出存量博弈的泥潭并进入全新增量发展空间的新世代，成为全人类都在翘首期盼的最大事件。

而在这一关键历史性时刻，各国需要联手或通过和平竞争实现对人类生产力水平的革命性突破，进而引领世界走向一个全新的增量未来！

这个新未来的最大驱动力可能就是“第四次工业革命”，最关键的撬动支点就是关键基础性科技的重大突破：不仅仅是所谓芯片、互联网、高端装备、先进材料，更可能是可控核聚变、人工智能、生命科学、深空探索、量子科技……乃至基础物理学理论的突破。

而要实现这种量级的研究突破，就必然需要更高层级的智慧，需要人类实现更深耦合度、更高能级的“大脑联网”“人机互联”“万物互联”。

让我们重新梳理一下推演逻辑：未来50年也许对于全人类而言最大的推动力是第四次工业革命，这一响彻百年的全景巨制，其最核心的驱动力是科技。消费互联网与“互联网+”只是这一叙事的序章，5G与新基建将成为推动工业互联网建设的基础设施，由此带来产业互联网变革的新阶段，更加深刻地改造原有的产业格局和产业发展模式，持续优化存量并持续积累增量突破的力量，通过全面深度的“万物互联”唤醒更高能级的人机智慧，并最终实现基础科技的重大突破，将全人类推向全新的发展高潮！

在朝向终局图景演进的进程中，将撕开诸多超级结构性增量空间，其中六大增量空间将成为宗申重点发力的战略性广义场景。

① 增量空间一：5G时代来临，新交通工具、新交通出行、新

交通公共服务对传统交通工具、传统场景的替代。

② 增量空间二：国家工业互联网战略推进进程中，制造型企业在信息化、网络化、数据化和智能化升级中蕴藏的巨量商业机会。

③ 增量空间三：新基建对传统基础设施的替代。

④ 增量空间四：新能源对传统能源的替代。

⑤ 增量空间五：中国广大乡镇农村消费、农业生产和作业场景的广阔增量空间。

⑥ 增量空间六：非洲、东南亚、拉美等国际市场将在未来5～10年产生高速持续成长的结构性区域空间。

3. 用“数智科”为内核升级未来宗申产融网2.0模式——三位一体，深度融合，共建共享，平台赋能

宗申正处于一个从存量世代向增量世代突破的时间节点，新场景的出现将唤出全新的发展机遇；但新经济的复杂特征和新科技的普遍应用，要求宗申必须汇集产融网一体化融合的综合能力，实现跨界深度融合、共建共享，方能应对复杂特征的超级增量机遇——打造产业级平台经济！

宗申“产融网2.0”将体现为“数—智—科”的核心特征；同时依托“数—智—科”为关键抓手，推进宗申“产融网”实现深度融合战略：数据（**场景化的产业闭环大数据、数据中台**）是串联宗申产融网各板块融合发展的神经网络和燃料资产，持续构建与宗申生态物理世界全面映射的数字世界；智能（**智能生产、智能产品、智能服务、智能生态协同**）是引领宗申产融网各板块升级发展的进化方向；科技（**航发、发卡电机、燃料电池、燃气轮机等硬核科技，数据、AI等软件科技**）是支撑宗申产融网各板块竞争实力的根本要素。

由此，宗申集团40年进化轨迹全面展开，三条成长曲线接力增长，共同勾勒出宗申集团整体卓越而稳健的发展图景，为“百年宗申”愿景的最终达成奠定了坚实的历史根基！

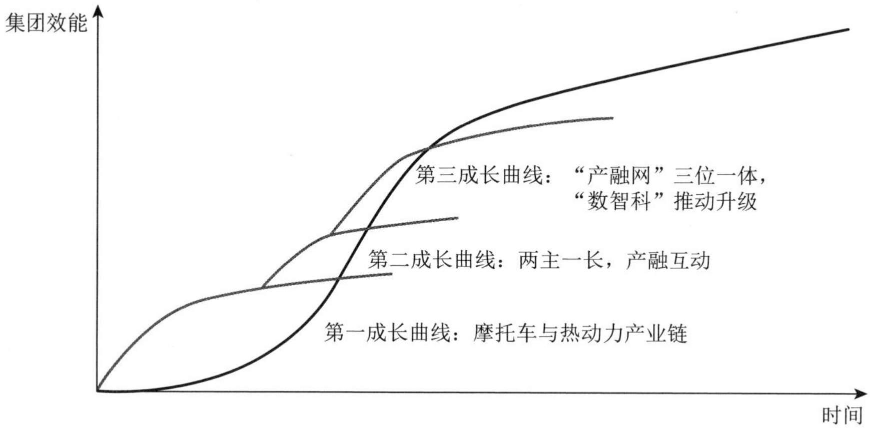

“百年宗申”的发展愿景

四、写给未来

发展中的困难、前进中的问题、成长中的烦恼是企业面对的永恒命题。在40余年中国改革开放的宏伟画卷中，民营企业群体正凭其“野火烧不尽，春风吹又生”般的惊人韧性坚强成长，撑起了中国经济的“半壁江山”。

当前，在外部严苛局势和国内高质量经济发展模式换轨的双重影响下，我国民营企业正面临着前所未有的生存压力和发展阵痛。然而可喜的是，依然有一批如宗申的民营企业，不断与自身生命周期抗争，屡次成功跳过“时间死神”收割的镰刀；不断与未来大势同频，成功实现冲浪发展、与时俱进；以其无畏的发展勇气和优秀的成长轨迹为中国特色民营经济的发展书写了若干闪亮的篇章，为中国特色社会主义发展模式提供了一笔笔亮眼的注脚！

我们由衷庆幸能够在这个必将载入史册的历史阶段，能够以一名管理咨询师的大样本视角见证了宏伟壮阔的大时代；更加庆幸能以一名管理咨询师的身份亲身伴随并助推一批批如宗申的优秀企业不断在其关键的历史时刻做出正确的抉择，不断在其面临危机时助其走出困局，不断为其宏伟使命和愿景的达成添翼助力，不断走向新的胜利！

而这，正是一名管理咨询师小小的价值和大大的使命！

回首来时路，不变是初心！

4. 构建型母公司

还有一类母公司，他们看起来特别擅长多元业务或多元产业的价值发现和整合，而又不同于单纯以资本配置和运作为经济模式的母公司（如出资型母公司），因为这类母公司不但会选择长期持有若干多元公司的股权，而且还会综合运用上述三种类型母公司的相关手段，与各子公司之间保持一个相对紧密的互动关系；从外表看起来，似乎像是“复合型”母公司。

如果用传统的“专注即最佳”的视角来看，确实很难评估这类母公司及整个集团的价值，加上一例例多元化过度的集团崩溃破产轮番上演，总让我们对这类母公司的结局忧心忡忡，甚至可能怀疑这能否成为一个值得列示的集团经济模式。

然而，我们确实也看到，依然有一些多元化（不仅仅是产品的多元化，而是非相关产业的多元化）的母公司佼佼者长期保持着稳健快速的增长态势，并且旗下的大部分子公司不但经营健康，甚至若干已成长为行业的领袖，拥有强大的行业竞争力。

考察这类母公司，我们或许不能简单地用所谓的“复合型”来定义它，因为这类母公司成功的最关键要素可能既不是资本运作的能力（虽然这类母公司往往精通此道），又不是单纯提供共享和赋能的能力（因为旗下各业务行业属性差异之大会大大限制母公司提供共享服务的效率），更无法做到发展型母公司一般对旗下各单位在保持“战略一致性”方面的要求——虽然这些能力对这类母公司非常重要。

那么这类母公司的根本价值依托又是什么呢？我认为可能是一种超凡的“设计能力”，故暂称其为“构建型母公司”。

构建型母公司一般具有以下这样一些核心能力。

（1）哲学的思考能力。

这类母公司的领导者拥有超强的哲学认知水平，他们能够从更加规律和本质的层次去看待外部环境的演变，以及自身和各单位之间的关联，而不会拘泥于事务的外在表象。

（2）人造经济的思维。

在这类母公司领导人的认知里，各业务的原本自然属性和规律既重要又并非不可逾越。因为他们发现，无论是家庭、社会、国家还是企业，都只是人类“想象的共同体”。所以，“人造经济”可能比“自然属性”更加本质。在这种思维下，产业其实是可以人为再定义的。

（3）超强的综合设计能力。

这类母公司应该拥有一种强大的职能，即站在“集团经济”的高度，去应势而动地动态调整自身的集团经济模式，同时重新设计内部各经济主体的发展定位和连接关系，并且通过强大的“概念创造”能力去影响集团内每个人的心智（当然必要时需要结合一些管理的工具和手段），以达成一种超越各业务差异之上的发展共识和组织凝聚力——这很像一个涵盖多个民族的国家，必须要在统一融合的意识形态和国家体制与制度的安排上做好设计。

（4）充分依托互联网、大数据和人工智能等辅助手段。

其实，成为一个复合特征的构建型母公司是很多企业的梦想，因为这意味着更加综合且强大的实力及在熨平周期波动、穿越周期的更大成功概率。但这同时也对该母公司的能力提出了极其严苛的要求，不仅仅需要母公司的领导者和他的经理人团队具有足够的格局、智慧和管理水平，还需要依托足够的技术手段。显然，与旧时代相比，在科技日新月异的今天，母公司可选择的工具更加丰富了。

拓展阅读
EXPANDING READING

复星国际——一个典型的“构建型母公司”样本

（如下资料主要来源于复星集团官网、年报和相关研究文章，经由我整理，有关讯息和数据截至2021年）

一、坚韧致远，厚积薄发

复星从1992年创业至今，已步入而立之年。

坚韧致远，厚积薄发，这是复星国际2021年年报的主题词，也映照了这家著名中国企业正值壮年的豪迈心情。

《年报》的展现是复星国际这家母公司对复星集团未来发展蓝图的设计和近年的实践成果。

2021年，尽管全球新冠疫情持续反复，但复星依然展现出非凡的韧劲与抗风险能力，收入利润双增长，更呈现出厚积薄发的可持续态势。2022年，复星进入而立之年，“坚韧致远、厚积薄发”这8个字很能体现复星30年来的努力，也很能展现复星未来的希望。经过30年发展，复星已发展为国内少数既具备全球化运营与投资能力，又积累了深厚科技与创新能力的企业。复星通过30年的积累，打造了四大核心能力——FC2M（Fosun Client to Maker，复星客户到智造端）生态、全球化、创新驱动、FES管理体系（Fosun Entrepreneurship/Ecosystem System）。FC2M生态系统将所有产业、场景和平台彻底打通，从客户需求出发并以客户满意为终点，持续提供让客户满意的产品与服务，因此FC2M生态可以推动本集团产业运营提质增效。复星的全球化成果也是有目共睹的，从中国动力嫁接全球资源到中国全球双向对接，过去一年，复星的全球化战略再次升级，全面推动“全球组织＋本地经营”，为整体的运营提升和业务拓展提供了新的动力。复星强大的科创能力也是驱动企业乘数增长的重要核心能力。2021年复星投入人民币89亿元（含费用化和资本化的科研投入）深化科技与创新能力，至今已累计获得超过1500项的发明专利，在研项目超过500个。复星相信，持续不断的创新投入才可构筑行业“护城河”，变成未来发展的红利。至于FES管理体系，则可融会贯通本集团在产业运营和投资方面的实践经验，为实现复星全球化、科技创新、生态运营提供系统的方法论、工具和流程，助力复星可持续达致高增长的目标。复星的四大核心能力既是复星取得今天成绩的保障，又是未来实现高速“乘长”的驱动力。回首过往，复星经历了不同的发展阶段，但他们始终坚持“修身、齐家、立业、助天下”的价值观，通过不断的战略升级，明确并坚定了服务全球10亿家庭客户、让全球家庭更幸福的使命。商业向善、客户为本是复星的初心。复星一直坚信，无论外界形势如何变化，人们对幸福生活的渴望和追求不会改变。让全球家庭生活更幸福是所有复星人的使命，复星存在的意义就是为这个社会带来更多的温暖与爱。总之，幸福就是复星的模样，也是所有复星人下一个30年努力的方向。

二、复星的成长史呈现出了鲜明的主动设计体征

查阅复星的官网，我们看到它将自身30年的发展轨迹划分为四个清晰的历史阶段。

阶段一：创业，咨询业务及医药和地产，1992—2000年。

（1）外部因素。

改革开放进入新阶段，土地、资本、劳动力流动，城镇化兴起，为复星在医药、地产等重点行业创业、起步、发展创造了有利条件。

（2）内部突破。

1992年创业，突破市场调研业务范畴，发现诊断试剂市场机会，进入生物制药+医药流通领域，1998年复星医药上市。

积极把握为国有企业代理商品房销售市场机遇，从策源到复地，切入中国房地产行业。

（3）典型案例。

1994年成立复星医药，进入医药行业，1998年复星医药上市。

1998年成立复地，迅速成为国内领先的房地产企业。

阶段二：国内发展，依托中国动力参与国有企业混改，形成多产业的综合类企业，2001—2007年。

（1）外部因素。

国有企业改制、中国入世机遇显现。钢铁制造、重工业、商场零售等行业跨越式发展，形成民营企业参与国民经济建设的良好契机。

（2）内部突破。

突破医药、地产业务布局：入主“豫园商城”“南钢”“招金”等国有企业。积极布局零售流通、制造、矿业，实现产业整合新格局；通过注入复星灵活的经营机制，提升传统国有企业的市场经营品质。

助力国有资产价值提升：推动“豫园商城”“招金”“南钢”持续高速发展。

（3）典型案例。

2001 年投资豫园商城。

2003 年投资南钢联，布局制造业；投资国药控股，布局医药流通领域。

2004 年复地上市，投资招金矿业完善上下游整合。

2007 年复星国际、招金矿业上市。

阶段三：全球＋新产业布局，中国动力嫁接全球资源，“产业＋运营”双轮驱动的投资集团，2008—2016 年。

（1）外部因素。

金融危机席卷全球，中国宏观经济稳健发展，健康、金融和消费产业升级；“全球化”进程加速；“投资中国”成为热点；移动互联网快速发展。

（2）内部突破。

2017 年提出以家庭客户为中心。

复星国际化战略实现突破。

积极关注全球医药、时尚、旅游、地产、金融、消费等“中国动力嫁接全球资源”机会，构建“以保险为核心的综合金融能力”：投资 Fidelidade、鼎睿再保险、AmeriTrust 等保险公司，完善保险产业布局。

2018 年豫园重组，控股豫园股份。

（3）典型案例。

2010 年收购 Club Med。

2011 年投资三元食品。

2012 年复星保德信人寿开业。

2013 年布局佛山禅医。

2013、2014 年投资 Fidelidade、鼎睿再保险、AmeriTrust 等保险公司。

2016 年成立复星旅文集团，并于 2018 年在香港上市。

2017 年成立复星时尚集团。

2018 年重组并控股豫园股份。

阶段四：深度产业运营，战略聚焦，FC2M，创新驱动的家庭消费产业集团，2017 至今。

（1）外部因素。

人工智能、大数据、云计算等数字化、智能化技术，使得洞察和满足个性化消费需求成为可能；产业互联网成为新趋势和新动能。

（2）内部突破。

深度产业运营第一年。

明确定位：构建“创新驱动的家庭消费产业集团”；提出“聚焦”战略 FC2M。完成对宝宝树、世纪佳缘、薄荷健康、东家、“复星健康 +”等 C2M 垂直赛道的布局。

生态乘数：推动复星旅文与复宏汉霖上市，充分发挥与集团现有产业的生态乘数效应。

（3）典型案例。

2019 年复宏汉霖上市。

2019 年投资“海鸥”与“上海”品牌，积极支持国有企业转型升级，发挥“乘数效应”。

2020 年投资薄荷健康、成立“复星健康 +”。

……

从各项经营数据来看，复星的第四阶段“集团经济模式再设计”取得了不错的成效，复星创始人、董事长郭广昌在《致股东的信》中报告了 2021 年的成绩单。

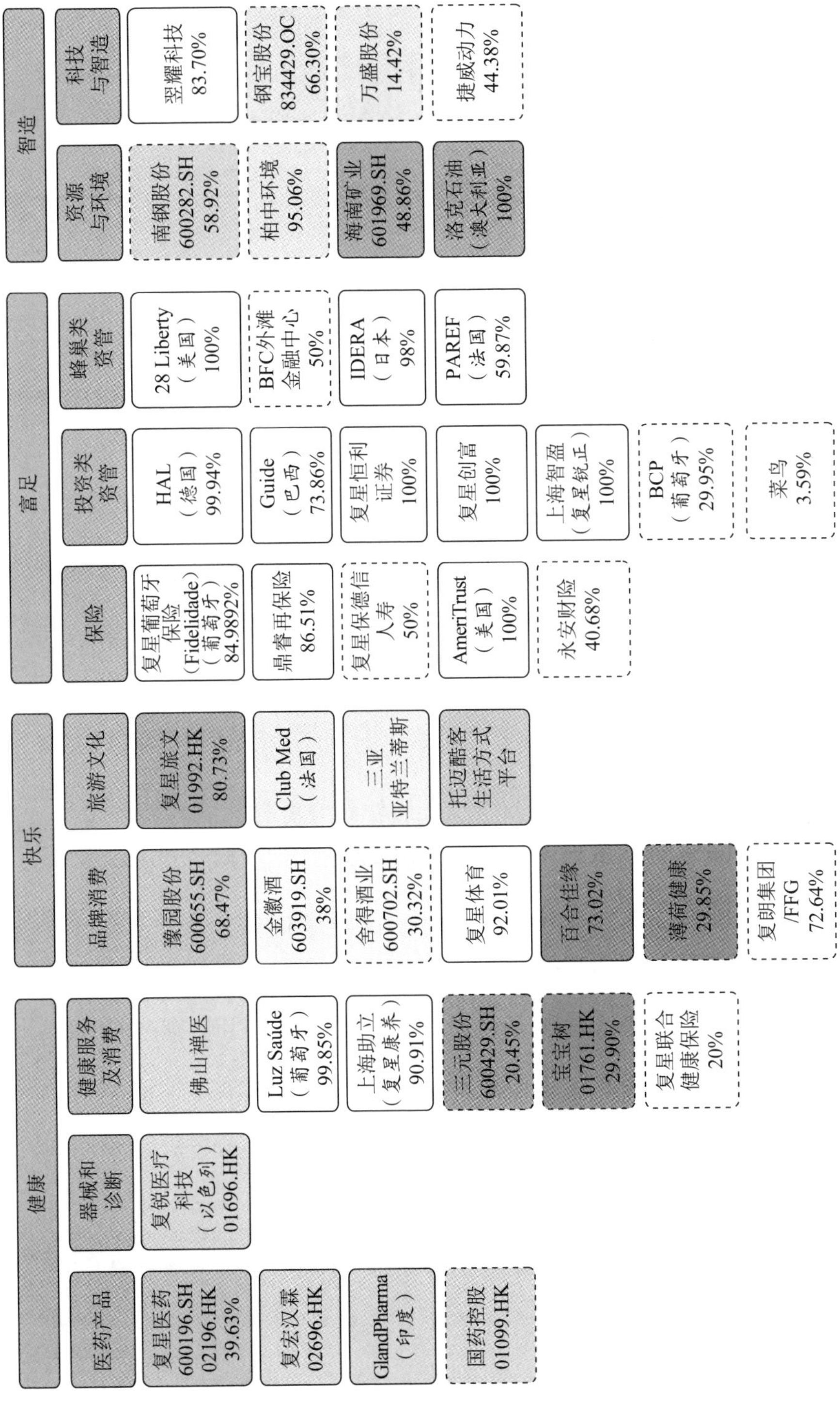

复星的集团业务架构（截至2021年12月31日）

“自2020年初，全球新冠疫情持续反复，新的变种病毒不断出现，人类与新冠疫情的战斗从“遭遇战”变成了“持久战”，国内各地疫情也呈多发状态。面对疫情等多种负面因素的影响，复星坚韧致远、厚积薄发，持续深耕健康、快乐、富足、“智”造四大业务板块，推动“深度产业运营+产业投资”加速落地，整体实现了稳健成长的发展目标。作为一家创新驱动的全球家庭消费产业集团，本集团于本报告期内营业收入达到1612.9亿元人民币，同比上升18.0%；归属于母公司股东之利润达到100.9亿元人民币，同比上升26.1%，产业运营利润达到105.9亿元人民币，同比稳步提升30.3%。

三、复星集团的最新战略关键词（2022）

关键词：全球化、FC2M生态、创新引领、双轮驱动（深度产业运营+产业投资、保险+投资）、FES。

（1）全球化。

作为一家创新驱动的家庭消费产业集团，复星植根于中国，成长于全球。复星是全球化的践行者、推动者、突破者。全球化已成为复星创业、发展三十年来不断内化的一种组织能力与竞争优势。

复星所倡导的全球化讲求“中国—全球双轮驱动”：一方面，充分贴合中国消费市场的需求，复星发挥全球业务的“双引擎”动力，不断将复星在全球范围内投资的好产品、好服务带回中国消费市场，助力人民美好生活的实现。另一方面，在以“国内大循环为主体，国内、国际双循环相互促进”的新发展格局下，复星持续深度践行全球化发展，履行企业社会责任，持续深耕全球优质产业，挖掘更具广度和深度的国际合作潜力，助力国际品牌基业长青，亦助力更多优质中国中小企业品牌、中国制造，甚至是中国“智”造走出国门。

在“逆全球化”的声浪下，植根于中国的全球化企业变得越稀缺、越有价值。像复星这样真正植根于中国，又能实现全球资源整合的企业太少了。放眼未来，复星将更好地发挥全球化能力，为国家、客户多作贡献，为股东创造更多的价值。

（2）FC2M 生态。

复星提出将全球十亿家庭作为服务的目标客户，构建以家庭客户为核心的 FC2M 幸福生态。

“FC2M”模式（Fosun Client to Maker，复星客户到“智”造端）是一个以客户需求驱动产品创造与快速迭代的产业闭环，C 代表客户（Client），M 代表“智”造者（Maker），“2”代表打通客户端与“智”造端的链接（To Link）。

复星提出“C 端置顶、M 端登顶”，要求在 FC2M 生态中，每一个产业都要 C2M，旗下围绕家庭需求的一个个产业 M 端，通过数字化、线上化技术实现其到 C 端消费者的打通，形成一个个垂直向的 C2M 闭环；然后通过横向打通这些垂直的 C2M 闭环，形成一个对家庭需求全覆盖的 FC2M 大生态，最大化地为家庭客户创造价值，进而实现产业与产业间的生态乘数效应。

截至目前，FC2M 生态已在医疗服务、健康管理、制药流通、康复养老、金融理财、时尚文娱、品质消费等多个领域落地。

（3）创新引领。

作为一家创新驱动的家庭消费产业集团，在“智”造围绕家庭客户幸福需求的 FC2M 生态的进程中，复星坚持以创新为源动力，立志成为各个产业、各个行业创新的引领者。

创新是复星一路稳健成长的血液、基因。对于创新的重视，已深入每一位复星人的骨髓，正在由内而外持续影响着复星在产品研发、机制锻造、人才延揽等方面的行为与实践。

专利许可、创新产品合作引入等方式，打造多元立体的创新体系，并重点切入家庭场景单元，占领全球创新赛道的制高点，培育具有产品力与竞争力的复星好产品。

复星还设立“创新合伙人”，汇聚复星生态体系中最顶尖的创新人才与资源。其中，科技发展类合伙人主要覆盖医药研发、智能科技、智能制造等创新领域，创意创新类合伙人主要是复星在产品设计、IP打造、建筑设计等领域的顶尖人才，名匠则包含了许多非遗传承人及手工艺匠人等领军工匠。

（4）双轮驱动。

1）深度产业运营+产业投资。

复星核心能力之一是深度产业运营与产业投资相结合的能力。复星自创业以来，一直坚持“运营+投资”的战略打法，并已成长为一家持续依托“深度产业运营+产业投资”双轮驱动的全球化企业。

多年积累的产业深度使复星能在全球把握更多投资机会，也使复星具备业务重建的能力，更能通过复星生态内的产业协同实现“乘数效应”。从2019年开始，复星围绕家庭幸福需求的产业生态布局已经趋于完善，外部市场已经进入精耕细作的“存量时代”，同时大数据、AI、产业互联网等新一代技术不断成熟，复星开始聚焦于“深度产业运营”，以运营产品到运营客户，挖掘更多的存量价值。

复星讲求通过产业并购投资提升产业运营能力。复星聚焦产业运营，并不代表舍弃了投资能力。投资已经潜移默化地植入复星的基因。投资是反哺产业运营的手段，成了复星的特质和能力。原有的“双轮驱动”更加强调投资的“驱动”和补强。

投资是手段，而目的是服务于客户、用户，进一步补强复星

FC2M生态圈，形成生态协同。复星的产业投资更强调控股型、战略补强型投资。无论是产业运营还是产业投资，复星都坚定地围绕主战略进行深度聚焦，对于一些和复星生态协同性和关联度不够的企业会选择退出策略。

2)保险+投资。

复星始终坚持价值投资，利用“保险+投资”双轮驱动的战略，为复星的全球化发展打下了很好的基础，旅文、医药等产业都依靠投资在短期内建立起了深厚的产业基础。

“保险+投资”的模式已经内化到了复星的能力里。未来复星的投资会以产业补强型为主，为深度产业运营服务。保险亦将会和复星旗下的多个产业有更多的协同，在复星的FC2M大生态中释放更大的价值。

（5）FES。

FES（Fosun Entrepreneurship/Ecosystem System）是复星在“让全球家庭客户生活更幸福”的使命驱动下设计打造的一套管理系统。这套系统基于复星“深度产业运营+投资”的战略，将复星在产业运营和投资中的最优实践提炼成可复制、可推广的工具和流程，通过持续发展复星企业家精神和共创生态BD，助力公司达成“高成长”的目标。其中Entrepreneurship代表企业家精神，意味着FES是一个体现共创业、“共乘长”精神的系统；Ecosystem代表生态系统，意味着FES希望通过复星的生态协同助力乘数增长。

FES不仅仅是针对产业运营，也是服务于产业投资的一套管理系统，其核心是基于复星“深度产业运营+投资”的战略，将复星过去多年积累的产业运营和投资的最优实践提炼成可复制、可推广的工具和流程，最终助力实现公司价值的可持续性高增长。

FES的系统是由全员共同参与的，以持续“高乘长”为目标，以解决实际工作业务中的痛点及挑战为抓手的管理系统。

复星希望通过FES这一套“投资＋运营”管理系统，一方面做好产业投资助力核心业务板块成长，另一方面总结提炼复星运营管理最佳实践，赋能全球复星企业。FES系统致力于提升客户满意度，发展“共创业”的精神，加强复星生态协同，助推公司达成“高乘长”（“**乘数性高速增长**”）的经营目标。

四、复星战略演进的特点：战略坚定，厚积薄发

（1）保持战略定力。

复星的企业成长始终讲求“变与不变”，战略演进始终保持连续性，且每一次的阶段成长、战略演进、重心切换都是综合了当时的市场、周期、企业发展等因素后的系统性因应，有其扎实的内在公司治理逻辑，且诸多优秀的产业运营及投资的案例均已验证了复星战略选择的正确性。

（2）始终顺势而为。

复星的成长始终顺势而为、乘势而上，牢牢抓住每一历史发展阶段的成长动力，为当时综合了经济、社会、技术、区域、环境等因素之下的公司发展最佳实践。

（3）坚持价值创造。

复星始终坚持“对而难”的事情，持续捕捉内、外部成长动力，不断优化自身的业务组合、产业组合，不断升级组织阵型，坚持为客户、股东、员工创造价值。

（4）不断去芜存菁。

在产业布局阶段，复星不断试错、迭代，过程中必然会有投

资、创业/孵化项目被淘汰，但总的来说，瑕不掩瑜，比例大致在“271”左右，即复星生态下最终生存和发展起来的众多优秀项目占七成左右；两成的项目尚待市场验证，但这些项目大多整体运营健康、基本面向好；真正发生损失且交了“学费”的项目还不足一成。

（5）持续沉淀能力。

每一次战略演进所带来的不仅仅是业务格局的改变，更带来能力、组织、人才格局的改变；同时，上一阶段的扎实积累也为下一阶段的腾飞打下坚实基础。

五、复星发展的成功经验

① 走过将近30年发展，复星完成了全球布局、产业布局，也完成了C2M的探索，复星大生态已经基本形成；复星当下的业绩增长都是过往发展积累的结果，并不是单纯过去某一阶段发展的结果；正是因为之前在全球化、投资、产业运营、FC2M等方面完成了从“0”到“1”的积累，今天的成绩才是水到渠成。

② 复星始终在学习、对标、进化。在不同的发展阶段，复星始终坚持学习、对标。从高盛到GE、从伯克希尔哈撒韦到丹纳赫，学习、对标的目的是不断补足自身发展的短板，只不过在不同的阶段，战略上强调的点不同而已。复星有着清晰、坚定、全面的战略全景图，我们在企业成长过程中所做的战略抉择既不代表全盘放弃，又不代表全盘拷贝，这两个极端都不可取。

③ 最近10年，尤其是在公司战略演进、落地的第三阶段，复星在全球化及潜力行业里进行布局，在探索的过程中虽然走过弯路、踩过“坑”、交过“学费”，该付出的代价已经付出了，也完成了很多从“0”到“1”的积累，但是这些都已成为复星抵御运营

及投资风险的能力；现在，复星已经进入了全新的发展阶段，不少板块、产业已经迎来收获期、爆发期，营收及利润出现高速增长。

④ 接下来，所布局的板块 / 赛道会迎来从“1”到“N”，从业务重建到正常增长，板块间的协同又会带来协同效应的收入及利润增长，而集团营造的生态和置顶平台（复星星选、复星健康等）会为整个复星体系提供更为蓬勃的发展动力。

⑤ 未来，复星将坚持“共创业、高乘长、助天下”的策略，依托覆盖“运营 + 投资”的 FES 系统，加强复星生态协同，助推公司实现可持续的乘数性高速增长。

5. 母公司再造，领导集团组织模式的持续进化

放在一个较长时间周期里，一家集团母公司 / 总部的定位也不是一成不变的，在内外部环境发生重大变化或集团战略发生重大调整时，母公司 / 总部的定位和功能设置也会发生再造。

例如，原本一个“长姐代母”型的总部可能由于集团战略的要求，需要从之前紧密服务于业务经营的运营型总部升格为支撑产业扩张的战略发展型总部，这往往需要对总部功能进行调整甚至再造，可能需要新设、强化若干职能，以及剥离、下沉若干职能。

还有一类常见的情况：当一家企业集团的整体集团经济模式发生转变，那么改造现有总部可能会产生高昂的成本或不可预期的改革风险，则可能选择另外一条路径，即向上塑造一个新总部；这个新总部完全基于新的集团战略蓝图进行整体设计，而原集团主体则整体变为新集团的二级子集团。这样的操作有一个好处，就是在大结构改革过程中，能够保持原主体业务的相对稳定性，最大限度降低改革失败的风险；同时将原集团中的非主业相关业务剥离到新母公司下发育，既可避免原主业精力分散，确保持续聚焦，又使新业务在新母公司创造的新环境下轻装上阵，获得更多的关注。例如 2015 年，谷歌公司创始人拉里·佩奇和谢尔盖·布林通过创立一家名叫 Alphabet 的母公司，采取控股公司的架构，以谷歌公司为主体进行分拆重组，把旗下搜索、YouTube、其他网络子公司与研发投资部门分离开来。重组后，新谷歌公司成为 Alphabet 的子公司。

通常来说，母公司的再造不会是一次孤立的事件，而必然是要放在整个集团经济模式的重塑战略下展开的。一个优秀的母公司必然做到高瞻远瞩、应时而变，并能准确把握内外部环境变化的趋势，顺势推动整个集团组织有节奏地主动变革，持续进化。

THREE 三

集团管控模式

1.“集团管控”的研究与实践

2000 年以来，国内有关“企业集团管理与控制”的问题越来越获得关注和重视，相关研究活动也渐成热潮，这有其独特的时代背景。

背景一：国有企业在最初的集团化进程中遇到了严峻的问题和挑战。

20 世纪 90 年代，为进一步适应市场经济发展的需要，一批中央企业开始向真正意义的集团型组织模式转型，将业务生产运营下放到子公司，而总部主要扮演新产业拓展、资本经营、国际化及对子公司发展的指导、监控、协调等角色。

这导致在国有企业的公司治理中遇到“所有者缺位”及控制权与剩余索取权不相配的问题，于是出现了内部人控制问题，并进一步引发了一系列现实的管理问题。比如过分的在职消费、信息披露不规范且不及时、短期行为、过度投资和耗用资产等致使国有资产的保值、增值无法保障，导致国有资产流失。

鉴于此，2003 年国资委成立，代表国家履行出资人职责。从当初的强调改制松绑，到后面的强调出资人到位，再到强调治理结构改革，到更后来强调集团型公司必须加强控制力等，“集团管控能力”的建设成为国有企业深化改革的核心关键词。

2013年开始的国资国企改革以“1+N”系列政策为纲领进一步深化，其中的大量改革点也是围绕国有企业的“集团管控”命题出发的。

背景二：民营企业最初野蛮生长式的集团化之路步入“集体死亡怪圈”。

中国民营企业的最初集团化浪潮得缘于20世纪90年代初期中国资本市场的重建。随着资本市场的不断开放，民营企业以资本运作为主要手法，采取下属公司上市或控股已上市公司等方式将一些上市公司纳入自己旗下，从而成为拥有多家上市公司的企业集团，形成所谓“××系”。这些“派系”集团涉足多个产业，声名显赫，规模实力异常庞大，堪称企业帝国。

一时间，“资本运作”成为我国民营企业迅速集团化的超级法宝。可是好景不长，2005年前后，以德隆系、格林柯尔系等瞬间陨落为代表，一批“派系”开始分崩离析。

当然这里面既有外部的原因（如2001年的股灾），又有内部的很多违规操作（违规担保、大股东占用上市公司资金，因不能及时还款导致债务纠纷频发）。但说到底，还是薄弱的集团管控能力根本无法支撑起单纯依靠资本运作盲目“吞”进来的多元且庞杂资产的整合。这有点像吃自助餐后的消化不良，甚至撑破了胃；更像是令狐冲初练“吸星大法”，由于没有“融功”法门，异种真气在体内发生冲突，甚至有反噬自身的风险。

2006年3月，光彩四十九控股股份有限公司成立，一扫众“系”垮塌之阴霾，重新开启了民营企业集团化的新高潮，它把大量的民营企业集中到一起，并且以公司制的形式运作——从以往单纯靠“资本”维系起来的“派系”真正演化成为“母 / 子公司”体制下的集团型公司。

背景三：国际化接轨过程中遭遇“狼来了”。

2001 年中国加入 WTO，中国企业最初的国际化主要表现形式不是“走出去”而是“迎进来”，要在自家院里面对蜂拥而至的、有组织有纪律的外资“狼群”。虽然政策限制为中国企业争取到了宝贵的缓冲准备期，但是可预期下的生存压力还是非常巨大的。

当国门不断敞开，中国企业彼时也再次正视到了与西方跨国企业之间的实力差距，并且这次的开放将是一场不可逆的开放，外部挑战程度只会越来越大，而不是相反。

于是，在倒逼之下，中国当时尚具雏形的企业集团们必须用最快的速度提升自身的集团管控能力，除了要不断完善基础管理、提升运营效率、优化成本结构、放大盈利能力、强化市场竞争力之外，更要不停地学习如何做好治理、如何打造强势总部、如何跨层级管控、如何多维度配置资源并主导板块协同……

背景四：中国第一代民营企业股份普遍高度集中。

这个现实背景是研究中容易被忽略的。中国第一代民营企业往往是在一代强人（其中不少民营企业老板本身就是军人出身，性情强悍，热衷命令与执行）的强力带动下成长起来的，创业者拥有绝对数量的公司股份，老板兼总经理的现象十分普遍，他们非常习惯于“一竿子捅到底”式的集权管控，强权和说一不二是他们喜好的风格。

于是，中国迎来了“集团管控”的“黄金十年”。渐渐地，不但企业要加强“管控”，政府、社会方方面面都要加强“管控”。“管控”一时间成了报纸、杂志、会议、报告中的超级热词，不管懂不懂，研究过与否，需不需要，都“言必谈管控”。

背景五：互联网时代下，对于“集团管控”的争议与内涵重塑。

2013年前后的中国，当移动互联网浪潮席卷而来，传统的商业模式遭遇了结构性的颠覆。当时有两个很受追捧的观点：一是作为大组织的企业集团会如白垩纪的恐龙般消失，转为被大量机动灵活的中小微企业替代；二是“管控”作为大工业时代的产物应该退出历史，转而大力发育“阿米巴”“合弄制”这类自组织。

如今我们发现：第一，不但企业集团这类组织模式没有消失，反而越发壮大，甚至当时刚刚创业的以机动灵活标榜的互联网企业也都发育成了企业集团，开始面临越来越多大型组织常见的问题。第二，由于整个人类生产方式和总体经济逻辑并未发生根本变化，故“管理与控制”依然是企业组织，尤其是集团型企业经济运转的核心依托。

那么，互联网新经济时代下，集团管控的内涵中哪些变化了，而哪些没变呢?

第一，有人将“唯领导化、官僚主义、组织僵化、活力低下”归罪于旧工业时代的“劣根性”，而将“客户导向、去中心化、权力下放、自我驱动”特征的所谓“平台型组织”作为互联网时代先进企业组织的代表形态——这显然是十分可笑的，是一种对不同企业的“歧视”。其实企业集团的组织形态、管控模式、权责关系等本身是权变的，是应内外部环境变化、对收益和风险的综合评估后所作的自适应性调整。所以，所谓“平台型组织”并没有从根本上改变企业集团的基本构型。

第二，互联网和数字化技术的成熟，让“管理驾驶舱”和“决策辅助的智能化”得到了更广泛的应用，这可以带来一个好处，即在权力下放的同时又能更好的地做到风险控制；并且由于信息和数据的归集，使得集团母公司 / 总部事实上拥有了更强的控制力。可能有人会有一个担忧，即是否会造成母公司 / 总部更倾向于采取中央集权和强计划经济，而导致一线决策权和基层活力的受损？其实这二者间并不存在必然的关系，相反，信息和数据的通畅与归集反而有助于母公司 / 总部更放心地放权，因为具有玻璃缸特征的“管理驾驶舱”系统可以让它们随时准确了解一线的情况，当一切尽在允许的波动阈值内运行时，上级单位完全可以“发射后不管”，而在超出风险阈值之外时再采取干预措施。

第三，互联网和数字技术会带来产业链和企业内部经济活动运行的加速，这必然对企业，尤其是企业集团内部运行效率的提升提出更高要求，甚至直接决定企业的竞争力。但是，相关技术手段的购买和运用也常常意味着高昂的成本（不仅仅是相关技术工具的购买成本，更包括员工在使用新工具时的学习成本，以及淘汰旧工具的沉没成本），所以企业集团在这方面的决策务必要秉持科学务实的态度，不可好大喜功，盲目追求“高大上”，一切勿以技术工具决定自身的集团经济最优和阶段性发展目标。

2.“集团管控模式”的认识偏误与修正

（1）从“三分法”说起。

简单来说，集团管控模式是指集团母公司一方面基于达成目的的不同，另一方面受限于相关管控环境因素的影响，而对下属企业形成的差异化管控类型和策略；而这些策略的实现核心体现为不同管控模式下的集分权设置。

但是在“集团管控模式”的现实理解和运用上，目前普遍存在着偏误，这导致很多企业集团的管控模式设计存在偏差甚至错误。

关于集团管控类型划分流传最为广泛的是“三分法”理论。所谓“三分法”，其雏形是20世纪80年代战略管理大师迈克尔·古尔德等人提出的，当时他们在合著的《战略与风格》（1987年版）等专著中指出了企业集团的三种管控文化偏好，2004年迈克尔·古尔德等人在另一本著述《公司层面战略》中再一次提到了这三种母公司风格，以及对应的管控偏好，经过多次演变成“集团管控三分法”基础理论，即财务型、战略型和运营型（也称操作型）[①]。

按照最常见的解释，三种管控模式的具体内涵描述如下[②]。

① 财务型是指母公司对下属子公司的管理控制主要通过财务手段来实现，母公司对下属子公司的具体经营运作管理基本不加干涉，也不会对下属子公司的战略发展方向进行限定，母公司主要关注财务目标的实现，并根据业务发展状况增持股份或适时退出。

② 战略型是指母公司的核心功能为资产管理和战略协调。母公司与下属子公司的关系主要通过战略协调、控制和服务而建立，但是母公司很少干预子公司的具体日常经营活动。集团母公司基于集团整体发展战略，通过控制子公司的核心经营层，使子公司的业务活动服从于集团整体战略活动。一般地，这种情况比较适用于拥有相关业务的企业集团。

---

① 也有人提出“四分法”，但基本内容与三分法类似。

② 事实上，这三种类型的划分虽然被业内广泛接受和使用，但其划分标准和内涵与迈克尔·古尔德等人在《公司层面战略》中的三种母公司风格的描述并不完全对应。参阅各类相关研究著述，我们会发现，关于“管控模式”目前尚无完全统一的内涵描述，模式类型名称使用上也各有差异。故我在下文的讨论中，更加注重对内涵实质的阐述，在名称的使用上则以最能体现其真实内涵的表述为先，同时兼顾广泛的既成认知。

③ 运营型是指通过母公司的业务管理部门对控股子公司的日常经营运作进行直接管理，彻底打破公司法理疆界，强调集中决策、集中经营，全面负责战略规划、投资和经营计划及各项目标指标的制定和考核，从战略规划到战略实施形成全过程管控和动态资源配置，总部对成员企业的多项管控子体系可以非常深入，甚至直接介入和干预下属企业常态经营策略性活动。下属企业具体执行集团下达的目标，在总部战略决策和动态管控下开展日常运营层面的战术性例行工作。成员企业与总部之间的共享程度极高，甚至可以理解为成员企业为总部的业务部门延伸派出机构，资源配置和能力建设在集团内部追求最大效率的协同共享，集团活动追求高度统一化和全局优化。

母公司基于不同目的，对不同子公司采取差异化的管控模式，这本身对于企业集团内部的专业化分工、精细化运营和整体结构效率提升来说大有裨益，避免“一刀切”和“粗放化”。但目前“三分法”的描述显然过于笼统，在面向企业集团丰富实践场景下的具体应用上，常常出现模糊不清或造成理解上的偏误。

常见的问题有以下三个。

第一，管控模式本质上是描述母/子公司之间的管控和被管控关系，故不但要考虑母公司的管控风格、意愿和能力，还需要考虑母/子公司的管控环境，例如股权结构、地域分布、生命周期阶段、管控手段等。传统“三分法”脱胎于迈克尔·古尔德等人对母公司不同管控风格的描述，核心出发点还是母公司自身的意愿，对母/子公司面临的复杂管控环境考虑不够。

第二，管控界面需要分为“宽度”“深度”和“频度”三个维度来设计。

①“宽度”描述的是管控点所覆盖的子公司经营价值链环节的多寡。例如财务型模式下，母公司主要控制子公司财务目标的制定和预算，以及对达成结果的考核与审计等。而运营型模式下，母公司则要对子公司的经营价值链进行全覆盖。

②“深度”描述的是母公司基于控制点对子公司影响的穿透程度。例如对于全资子公司，母公司具有“一竿子插到底”的控制力，而对于相对控股子公司，母公司可能主要在子公司董事会和子公司职能管理部门层面发挥影响力，对子公司的具体业务运营则不干预。所以，管控“深度”的设计要结合母 / 子公司管控环境的分析。

③“频度”体现母公司对子公司管控实施和结果反馈的时间长短。低频往往以“年”为单位，中频以“季”或“月”为单位，高频则以“周”“天”为单位，甚至实时反馈。

由此可见，传统“三分法”过于粗糙，没有分层、分类描述管控模式的真正内涵。

第三，传统“三分法”的描述其实内含了一个假设：即财务型模式无论在“宽度”“深度”还是“频度”上似乎都是“最弱”的，而运营型模式则“最强”，战略型模式“居中”。这显然过于粗糙，甚至与很多实际情况不符。一个“宽度”上采取财务型的母公司，虽然横向控制点“少”，却可能在这些控制点上对子公司插得很“深”，在管控“频度”上采取高频。同样，一个在“宽度”上采取控制点全覆盖的运营型模式的母公司，由于受限于母 / 子公司的管控环境，其纵向管控的深度上却可能很“浅”、频次很“低”。

（2）对“集团管控模式”的修正。

我基于管控宽度、管控深度和管控频度三维界面重新建模，并对传统管控模式的相关内涵进行修正，形成“WSK 集团管控模式三维分析模型”，如图 5-2 所示。

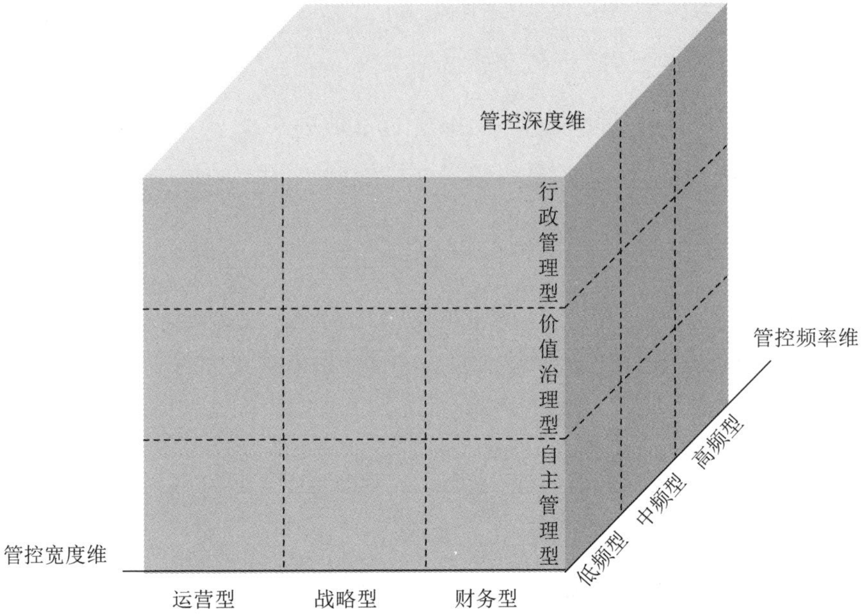

图 5-2　WSK 集团管控模式三维分析模型

我们接下来分别阐述一下三个维度的分析影响因素。

1）管控宽度维分型：财务型、战略型、运营型。

我们借用传统“三分法”的名称来作为管控宽度维的类型称谓，其基本逻辑与传统“三分法”类似，但不同之处是在这里仅用来描述对子公司经营价值链的控制点的多寡。例如财务型主要关注财务目标制定、财务预算、目标结果考核、财务审计和重大风险控制等环节并设置控制点；战略型则在财务型的基础上增加对子公司战略制定过程、重大投融资行为、重大人事任命、重大资源分配、全面风险管理和相关职能体系建设等环节的管控；运营型则进一步在前述基础上对子公司具体业务层面的研、供、产、销等环节实施管控，极致的运营型管控可做到对子公司所有行为的全覆盖。

管控宽度维设计的主要考量要素是集团战略的实施要求，以及母公司的管控风格、管控意愿和管控能力；在宽度维的分析上，应暂时剔除母/子公司的管控环境因素和子公司自身意志，以免因素过于复杂导致分析混乱。

2）管控深度维分型：自主管理型、价值治理型、行政管理型。

管控深度维的划分主要参考山东大学陈志军教授在其专著《集团公司管理——基于三种管控模式》[①] 一书中的分析结构。

自主管理型、价值治理型、行政管理型基本呈现了管控由浅入深的变化。

① 自主管理型下，子公司董事会对子公司经营享有完整的决策和控制权，经理层享有子公司运营权。母公司非常尊重子公司治理的独立性，仅通过产权代表在股东（大）会、董事会层面按照其在子公司所占股权比例予以表决，母公司的相关职能部门通常不会对子公司实施条线影响，但可能会代表母公司发挥监督作用。

② 价值治理型意味着母公司会扮演更加积极、更具价值的股东。虽然母公司会尊重子公司独立法人的地位，以及子公司在决策上的自主权，但母公司在子公司治理体系中的角色不仅仅是监督，而在于帮助子公司的董事会和经理层改善决策。母公司的职能部门更多地以帮助和赋能的角色与子公司对口部门发生互动，当然也会将母公司认为必须做到统一性的原则、标准、文化、制度等贯彻下去。

③ 行政管理型，顾名思义，就是母公司越过子公司董事会直接对子公司行使集权管理的一种模式。该模式下，子公司虽然从法律意义上是与母公司地位平等的法人机构，但实际上子公司并没有独立的

---

① 陈志军：《集团公司管理——基于三种管控模式》，北京，经济科学出版社，2010。

决策权。子公司董事会的设立只是为了符合法律规范的要求，并没有实际作为，基本是形同虚设，俗称“橡皮图章董事会”。母公司对子公司的管理控制几乎等同于单体企业对分公司、分厂的管控。行政管理型模式是一种最为集权且在中国母/子公司管理中常见的控制模式。

管控深度维的设计主要考虑的是母/子公司面临的管控环境。陈志军教授在《集团公司管理——基于三种管控模式》第1章中对管控环境与母/子公司管控深度维分型的匹配作了很好的归纳（见表5-1）。

表5-1 管控环境与母/子公司管控深度维分型的匹配[①]

管控环境因素	特征值	管控深度维分型		
		自主管理型	价值治理型	行政管理型
外部环境不确定性	不确定性低	较少使用	一般使用	广泛使用
	不确定性适中	较少使用	广泛使用	一般使用
	不确定性高	广泛使用	一般使用	较少使用
母合价值的风格	出资型	广泛使用	一般使用	较少使用
	赋能型	较少使用	广泛使用	一般使用
	发展型	较少使用	广泛使用	广泛使用
	构建型	一般使用	广泛使用	广泛使用
集团战略	专业化战略	较少使用	一般使用	广泛使用
	主导型多元化战略	一般使用	一般使用	广泛使用
	关联型多元化战略	一般使用	广泛使用	一般使用
	非关联型多元化战略	广泛使用	一般使用	较少使用
控股程度	全资	较少使用	一般使用	广泛使用
	绝对控股	较少使用	广泛使用	广泛使用
	相对控股	广泛使用	广泛使用	一般使用
信息化水平	高	较少使用	广泛使用	广泛使用
	中	一般使用	一般使用	广泛使用
	低	一般使用	一般使用	广泛使用

① 我根据本书的观点和语境作了细微调整。

续表

管控环境因素	特征值	管控深度维分型		
		自主管理型	价值治理型	行政管理型
领导风格	集权式	较少使用	一般使用	广泛使用
	民主式	一般使用	广泛使用	较少使用
	俱乐部式	广泛使用	一般使用	较少使用
子公司地域分布情况	分布地域集中	较少使用	一般使用	广泛使用
	分布地域较广	广泛使用	一般使用	较少使用
	全球性分布	广泛使用	一般使用	较少使用
子公司地位重要性程度、子公司规模	重要子公司	较少使用	一般使用	广泛使用
	一般子公司	较少使用	广泛使用	一般使用
	不重要子公司	广泛使用	一般使用	较少使用
责任中心	成本中心	较少使用	一般使用	广泛使用
	利润中心	一般使用	广泛使用	较少使用
	投资中心	广泛使用	一般使用	较少使用
子公司生命周期	初创阶段	较少使用	一般使用	广泛使用
	成长阶段	一般使用	广泛使用	广泛使用
	成熟阶段	广泛使用	广泛使用	一般使用
	衰退阶段	广泛使用	一般使用	一般使用
母/子公司文化差异	较小	较少使用	一般使用	广泛使用
	一般	一般使用	广泛使用	一般使用
	较大	广泛使用	一般使用	较少使用

3）管控频度维分型：低频型、中频型、高频型。

很多时候，设计者常常忽视管控频度这个维度，这是一个严重的缺漏。第一，集团管控体系的运行是动态的，我们不单单要考虑到控制点设置的精准性，还需要考虑好管控点触发的频度，例如多久让子公司提交一次报告或报表、多久需要子公司进行一次述职等。第二，集团管控体系的运行是有成本的，这不仅仅包括母/子公司间上传下达的成本，还包括管控频度设置不合理所造成的隐形成本，例如频度过高会给子公司正常经营工作带来干扰，频度过低又可能造成风险点没能及时发现或有效控制造成损失。

一个好的管控频度的设计通常需要遵循如下原则。

① 尊重科学的规则。管控频度的设计不能一拍脑袋，更不能经验主义。尤其对于多元化的集团，千万不能将老主业的一套做法直接照搬到新业务上，而要遵照各业务的自身发展规律和特征来科学设计。

② 重视节奏原则。很多集团母公司在管控频度上没有节奏的意识，随意性很强。对于需要突出机动灵活的小企业来说问题不大，甚至是被提倡的。但是大型企业集团是由众多部门和经营体组成的，它们各有自身的节奏，有的快、有的慢，如果母公司的管控随意性太强或临时性、突击性的管控行为太多，就会给子公司自身的经营节奏带来很大影响。虽然我们无法（当然也不可能）杜绝所有随机行为，但至少需要在那些重要且周期性重复的事件上保持总体的节奏，让集团各个单位都能适应及合拍。

③ 管控的经济性原则。需要阶段性地评估集团管控行为的综合经济性，因为每一次控制点的触发都会造成相应的成本，所以需要根据阶段性的评估结果对控制点的数量和触发频度进行优化调整。

④ 技术工具辅助原则。前文中我们提到，互联网和数字化技术的应用对于提高管控效率是大有裨益的。当一个企业集团内部大量建设了类似“管理驾驶舱”的软、硬件设施，是有利于提升管控精度的，这客观上可以降低例行的管控频度。

3. 冷静看待“组织协同”

关于企业的组织协同是一个老生常谈的话题，做好组织协同的重要意义自不用多言。尤其对于多元化集团而言，其组成元素间的关联关系对企业发展的作用效果将更加显著。通常来说，企业组成元素类别越丰富，可供协同的空间和机会就越大，就越容易形成“变形金刚”或“打群架”效应。在某种意义上，高效的协同是集团形成整体价值的真正体现。换言之，一个缺乏对下属企业间相互关系进行认真管理的多元化集团“并不比一个共同投资基金强多少”。哈佛大学教授、公司创新与变革专家罗莎贝丝·莫斯·坎特也同样指出过：多元化公司存在的唯一理由就是获取协同效应。

所以，集团管控的真正目的并不是“管住”“控住”，而是集团整体经济效益的最大化，而做好组织协同本身也是集团管控中的重大命题。

然而，根据我的观察，现实中真正管理好协同关系并发挥出明显协同经济效应的企业集团其实并不多。相反，不佳的协同管理还常常带来整体经济效益的损毁，甚至带来重大风险。例如某集团在培育新业务时，要求原主业子公司拿出一部分订单交给新业务公司做，期待“先富带后富，最终走向共富”。初衷很好，但由于没有科学的长效协同机制，最后导致了双输的局面：新业务公司长期以来处理内部订单，没有动力向外开发市场；同时，新业务公司的部件产品不但价格高于市场，而且质量不过关，最后导致原主业公司的盈利能力和竞争力均受到较大的负面影响。再例如某集团母/子公司间、子/子公司间大量相互担保，最后导致局部风险连锁反应，集体“暴雷”……类似协同失败的案例不胜枚举。

故而，我建议，对待“组织协同”问题首先要冷静，而后要进行科学设计，万不能头脑发热想当然。一般来说，如下关键要项是做好组织协同所必需的。

（1）制定好协同战略，并与集团整体战略相匹配。

评判一家企业集团协同战略的优劣，并非仅仅考察其某一项或几项协同行为的效果，更要看其是否基于集团整体战略进行了“一致性”设计。

在明确了协同战略的目标和导向之后，协同点的寻找便成为集团公司进行整体协同体系设计的第一步。然而我发现，目前在绝大多数企业中缺乏寻找协同点的整体思考逻辑和方法，进而导致碎片化、点状化地协同设计。

我们研究发现，在一个企业系统内部，各元素所具备的协同属性是有差异的，但考察下来，具有资本属性（如资金、资产）、知识属性（如技术、品牌）、信息属性（如数据、情报）和商权属性（如网络、平台）的元素通常来讲具有较大的可延展性、可关联性和可共享性。全球最佳商业实践也表明，成功企业在进行自身协同体系设计的过程中基本上都有意或无意地将资本、知识、信息或商权这几大属性要素作为构建协同关系的“枢纽区”，整体带动集团各个层面的协同关系串引、协同策略设计、协同机制构建和协同行为实施。

（2）协同模式要与管控模式相匹配。

这是很多人容易忽视的一点。换言之，协同本身不是目的而是手段，它必须在整个集团管控体系的基本框架和管控模式的约束条件下展开，最终目的是集团经济效益的达成和集团战略目标的实现。

如果抛开集团管控模式和管控目标去谈协同，要么会沦为形式协同、无效协同或口号式协同，要么可能会产生负面协同效果甚至造成协同风险。

所以，不要盲目追求最新鲜的“玩法”，适合的才是最好的！当然，建立定期的协同效果评价和调整机制也是非常重要的。

（3）洞察人性，遵循人力资本的经济规律，匹配适应的文化与制度。

所谓组织协同，归根到底是人与人的协同，那么对人性的洞察便十分关键。无论是在行政命令要求下的协同，还是在自组织间主动式的协同，要想获得最佳的协同效果，必须把分析和设计的颗粒度具体到个体身上。

现在很多企业都在谈“人力资本”，但大多没能真正理解人力资本和人力资源究竟有什么不同，也没弄明白人力资本和土地、设备等资本形态之间的差异。我们知道，在工业时代，人被视为机器的附属物，是企业生产过程中的一种资源要素，故称“人力资源”。工业时代早期考虑最多的是异化的人，因为人也被当作机器在处理。所以人只是流水线当中的螺丝钉。“资本 + 异化”了的人，是工业时代最重要的生产要素。

但后来，管理学家们发现人不能被简单定义为资源属性，通过持续的教育学习及经验的积累，人的价值是会不断增值的，这就具有了资本属性，于是到了人力资本时代，人被视为企业核心价值的创造者。

那么，到底什么是人力资本呢？人力资本的本质特征是什么呢？

周其仁教授写过一篇很精彩的文章，叫作《人力资本的产权特征》。在他看来，人力资本从产权的角度看具有三大特征：第一，人力资本天然归属个人；第二，人力资本的产权权利一旦受损，其资产可以立刻贬值或荡然无存；第三，人力资本总是自发地寻求实现自我的市场。周教授进一步说明道：“人力资本是‘主动资产’，天然属于个人，并且只能由其天然的所有人控制着这种资产的启动、开发和利用。因此，当人力资本产权束的一部分（或全部）被限制或删除时，产权的主人可以将相应的人力资本‘关闭’起来，以至于这种资产似乎从来就不存在。”“更特别的是，这部分被限制和删除的人力资本的产权，根本无法被集中到其他主体的手里而作同样的开发利用。一块被没收的土地，可以立即转移到新主人手里而保持同样的面积和土壤肥力。一座厂房和一堆设备，也可以没收后投入另一个生产过程而保持同样的价值和效率。一堆‘没有臭味’的货币，谁用都值那么多钱。但是一个被‘没收’的人，即便交到奴隶主手里，他还是可能不听使唤、‘又懒又笨’，甚至如张五常教授所说，宁死不从。换言之，人力资本是一种可能因为‘产权残缺’而立即自动贬值的特别资产。人力资本及其所有者用来反制产权残缺和残缺产权的转移的基本机制，就是‘主动’使这种资产的经济利用价值一落千丈，甚至瞬时为零。”“人力资本这个东西还有一个特性，就是千方百计会找机会实现自身的价值。我们不是看到过，寒冬腊月在公家地里睡觉的‘懒虫’，一回到他的自留地里，居然会干得满头大汗吗？”

所以，要想设计好协同机制，必须遵循人力资本的经济特征和规律，设计好匹配的文化和制度，不但要管理人的行为，更要激发人的心。

（4）充分利用信息技术提高协同的便利性和效率，促进“大脑联网”。

如果说 2003 年宝马在重新设计劳斯莱斯幻影（Phantom）项目时，还需要把设计师们从加利福尼亚、慕尼黑等设计分部抽调并集中到伦敦 Marble Arch 酒店附近的一栋老式银行建筑里，那么互联网时代的今天，我们可运用的链接技术手段远不是 20 年前可以比拟的。

我们看到，今天的大公司普遍花费重金搭建集团内部的线上办公和数据系统。这不仅大大提高了员工协同办公的便利性和效率，还有利于促进组织的“大脑联网”，提高“组织智商”水平。

在移动通信技术突飞猛进的今天（尤其是脑机接口技术的实现），大脑联网不再是一个纯科幻的话题。在企业内部，已编码的知识可以附着在很多载体上（如书籍、文件、机器设备等），可通过通常的信息网络来交流和传播，而大量的未编码知识则不能通过一般的信息网络来传递，只有通过人与人之间的直接交流来传递，所以我们还要强调在通常的信息网络基础上建立一种沟通网络来实现未编码知识的传递。通过大脑联网的方式将各个层面、各种各样的组织知识有效地建立起某种联系并形成一幅“知识地图”，这些资源不仅仅包括文件、程序等编码知识，还包括附着于员工个人大脑中的未编码知识，企业根据知识分类将那些拥有有价值知识的人的地址和通信方式标在“知识地图”上，帮助管理者找到谁拥有企业所需的知识与诀窍。信息技术的飞速发展使企业真正实现较低成本的大脑联网成为可能，依托信息技术的支持，实现人机全面一体化和网络化——“知识地图”通过电子地图的形式表达和标示，进一步通过互联网进行连接，使知识的寻找者可以方便快捷地与标示点的知识资源相连接。大脑联网是一种组织层面的意识和视角，更是一种远远超越个体智商的系统思维高度的体现。

拓展阅读 EXPANDING READING

谷歌是如何设计协同文化与制度的?

(我们知道，谷歌公司一直以来以超强的创新能力闻名全球，这很大程度上得益于其组织文化和团队协同机制的设计。如下内容主要来源于我2015年赴美国参访谷歌公司总部期间与有关管理人员交流时的信息整理)

一、谷歌的宗旨：不作恶

谷歌公司（以下简称谷歌）的一位创始人于1999年提出了“不作恶”（Do not be evil）的企业宗旨，并一直沿用。

据介绍，这个宗旨很重要，在谷歌员工心中被奉为一切工作的准则。

二、谷歌的文化

1.公开、透明、平等

① 每周五的TGIF（即“Thank Good，it’s Friday，谷歌员工每周例会活动”），创始人回答员工票选出的最关心的问题，任何员工都可以向CEO提问。

② 内部系统可以查到任何员工的信息。

③ 员工被允许通过幽默的方式对公司存在的问题进行吐槽。

2.志存高远（Moonshot）

① 每个季度定下基本不能100%完成的OKR（“我们不在乎投

资人的要求，让他们适应我们”）。

② 10%instead of 10%increase（不满足于小改进，颠覆式创新）。

3. 脚踏实地（Do the right thing）

① 严格的代码审查（注释、大写、加句号……）。

② 面试委员会 & 升职委员会制度（防范裙带与熟人关系）。

③ 多级奖励制度：annual bonus，stock refresh，peer bonus（100 美金制度，类似于国内一些互联网公司为鼓励部门间协同设立的打赏制）。

4. 高手过招的快感

①“大牛”云集，各种“怪人”“奇人”。

② 对外很“拽”，对内 nice（很好）。

③ 强调员工个体的主见性（“苹果则强调军队化的分工和服从，集中力量打山头，却常常不知为何那样做”）。

三、谷歌的管理模式

1. 扁平架构

① 从基层到 CEO 不超过 6 ~ 7 层（CEO—高级 VP—VP—总监—员工）。

② 经理路线 VS 技术大牛路线。

2. 结果导向（Result oriented）

① 工作时间、地点不重要，重视结果和影响力。

② 任务制，类似学校，员工被布置“作业”，按时完成。

3. 自由流动

① 完善的内部机会发现机制和职业转换机制。

② 员工在一定时间以后可以自由换组（不在乎上司是否同意）。

4. 创新机制

① 20% 时间。

② 创新孵化中心，内部风投机制。

5. 待遇优厚

瞄准硅谷第一流的福利待遇。

4. 集团内部创新与集团经济绩效

习近平总书记在党的二十大报告中指出："加强企业主导的产学研深度融合，强化目标导向，提高科技成果转化和产业化水平。强化企业科技创新主体地位，发挥科技型骨干企业引领支撑作用，营造有利于科技型中小微企业成长的良好环境，推动创新链产业链资金链人才链深度融合。"

（1）企业组织创新模式，从"封闭式"走向"开放式"。

组织创新长期以来都是企业管理研究中的重要课题，其直接决定着企业的长期竞争力建设。在企业的创新模式和创新网络架构上，走过了从"封闭式创新"向"开放式创新"的切换，20 世纪 80 年代是一个时间上的分水岭。

20 世纪 80 年代以前，企业之间的竞争遵循的是"扑克规则"：每个企业都对外保持高度的神秘感，企业对研发信息的保密极为重视；因为只要拥有一项核心技术，就可以"一招鲜吃遍天"，故当时企业通用的创新模式是"封闭式创新"。封闭式创新的实质是封闭的资金供给与有限研发力量的结合，其目的是保证技术保密、独享和垄断（钱德勒的研究也有力地证明了企业中央实验室在实现业务自然垄断和规模经济中的重要作用），其直接结果是大企业的中央研究机构（如杜邦公司的杜邦实验室、朗讯科技公司的贝尔实验室、IBM 公司的沃森实验室、惠普公司的中央实验室和施乐公司的帕洛阿尔托研究中心 PARC 等）垄断了行业的大部分创新活动，如 1946 年美国大企业所获专利数占到美国专利总数的 64%。

20 世纪 80 年代以后，企业之间的竞争遵循的则是"象棋规则"，企业不再神秘，企业有多少"家底"外界一清二楚。知识经济时代，随着高等教育的普及，以及学术机构研究能力和研究质量的迅速提高，使得知识由以前富集于企业研究部门和科研单位，转变为广泛分布于产品价值网络中的各个节点；同时人力资源流动性增强和经济全球化的浪潮，使得企业对创新的控制日益困难；加之技术与产品的生命周期变得更短，对创新速度的要求更甚于对创新质量的要求。在这样的背景之下，“开放式创新”逐渐成为企业创新的主导模式。该观念指出，企业应把外部创意和外部市场化渠道的作用，上升到和封闭式创新模式下的内部创意及内部市场化渠道同样重要的地位，均衡协调内部和外部的资源进行创新，不仅仅把创新的目标寄托在传统的产品经营上，还积极寻找外部的合资、技术特许、委外研究、技术合伙、技术并购、战略联盟或风险投资等合适的商业模式，来尽快地把创新思想变为现实产品与利润。

综上，虽然今天的企业依然会在一些特别领域开展“封闭式创新”以保持自身独特的竞争优势，但从整体而言，“开放式创新”已经成为企业研发模式的思想主流和普遍选择。

（2）企业集团内部创新模式——分散式 or 集中式?

前文中提道：企业集团是一类特殊的“中间组织”，集团内部既有“计划”的成分，又有“市场”的成分，这就不能笼统地将企业集团视为一个组织“质点”去研究其创新模式和创新架构。

实践中我们观察到，在企业集团内部既可能存在某个成员单位自身开展的封闭的“集中式创新”（既包括母公司的集中式创新，又包括子公司的集中式创新），又可能存在多个成员企业之间协同实施的开放的“分散式创新”（既包括母—子之间协同，又包括子—子间协同）。封闭式创新可能增强成员企业对于创新的控制力并降低委托代理问题，而分散式创新则更符合开放式创新理念，即集团成员合作创新以实现知识互补和商业推广。当然，这也带来了企业集团内部创新架构和创新机制设计的复杂性，企业集团要在分散式创新和集中式创新之间进行权衡。

从理论上说，“分散式创新”和“集中式创新”各有优劣，学者们对二者也做了大量的比较研究[①]。

集团分散式创新具备开放式创新特征，即不同集团成员协同创新。首先，分散式创新强调成员企业在创新过程中共享知识，为集团创新带来信息优势。在分散协作创新环境中，成员企业不再受限于个体组织边界，而是以一种更开放、更具战略的视角看待集团整体创新，积极参与集团创新。通过发挥成员企业的知识优势、人才优势和信息技术优势，使企业集团迅速建立起全面创新网络，各成员企业都能从集团创新网络中获取所需资源，缓解自身创新能力约束，提高创新速度与质量。而集中式创新容易陷入“锁定”状态，使得创新一直集中在某些团体之间，不易扩散出去。其次，分散式创新使成员企业通过内部网络共享创新成果，提高集团整体创新绩效。企业集团分散创新以背后的控股权为纽带，确保成员企业都能获得相应回报，并且降低由于知识产权保护不足而带来的合作创新风险。在分散式创新下，企业集团可以充分发挥内部产品市场功能，通过成员企业专业化经营，有效地在集团内部实现范围经济和规模经济，为创新活动提供更为可观的经济回报。而集中式创新架构下，个别创新主体更容易出于部门或个体利益而实施寻租行为，并且外部股东难以识别和修正，极易引发过度创新投资。

综上，企业集团弱化了成员间的正式组织边界，为内部成员间分散式创新提供制度保障。一方面，企业集团降低了成员企业间分散式

---

① 如下的资料主要摘自《企业集团内部创新架构与创新绩效》中的文献回顾。

创新的交易成本；另一方面，企业集团增加了成员企业分散创新的利益协同，最终可能提高企业内部创新绩效。

然而，企业集团内部错综复杂的控制结构也可能加剧内部摩擦和效率损失，成员企业对资源的争夺和寻租更容易发生，进而导致更无效的投资和更低的创新绩效。相较于个体企业，企业集团还存在着第三类代理问题，即母公司管理层与子公司管理层之间的委托代理问题。三重委托代理问题可能造成成员企业过度关注部门利益，忽视集团整体利益，最终导致企业集团陷入“集而不团、管而不控”的境地。

因此，根据委托代理理论，集团创新架构过于分散也可能不利于创新网络运作，反而导致集团整体创新绩效变差。在集中式创新架构下，创新活动的委托人和代理人反而更清晰，总部很容易识别有效创新主体，进而提高资源配置有效性。在分散式创新下，各成员企业都具备创新话语权和投资权，无疑加剧了集团内部委托代理问题，可能引发内部人寻租行为，以竞争集团内部有限的创新资源和话语权。在集中式创新下，集团总部掌控创新话语权和决策权，总部站在集团整体利益角度指导创新活动，亲自参与创新决策全过程，避免分散式创新下成员企业的无效创新现象。同时，如果集团开展大规模、长周期创新活动，分散的财务资源是难以支持的，必须依靠集中的财务资源才能够解决基础性、关键性基础创新。另外，集中式创新架构可以保证利益一致性。创新权力集中后，集团总部可以建立全体成员企业都适用的管理制度，例如内部审批制度、资金流转制度和决策制度等，减少成员企业由于“语言”不统一而造成的摩擦与效率损失。

因此，要保证内部资本市场运作效率，企业集团就需要加强对内部创新活动的控制，强化集中式创新架构。就母公司集中创新而言，母公司作为企业集团的控制者，可以凭借其控制权整合集团内部资源、维护集团管控效率，为母公司创新创造条件。就子公司集中创新而言，子公司作为企业集团最基础的经营单元，更明晰经营情况及市场动向，更能发挥专业优势进行有效决策。正如谭洪涛和陈瑶的研究发现，直接接触市场的组织才有利于明确创新方向、改进需求，一定程度上降低了创新风险、提高了创新质量，进而提高创新绩效。

那么，企业集团实践中的表现又是如何呢？徐飞，杨冕两位博士通过选取 2007—2017 年 A 股上市公司为研究样本，通过建模和数据分析，得出结论：检验结果表明，完全由总部集中创新或完全由下属企业集中创新均不利于企业创新绩效，而分散式创新架构更有利于企业创新绩效，包括企业专利申请规模和专利授权规模。同时，验证了当前开放经济环境下，需要加强集团内部分散协作的创新组织。调节效应检验显示，增强企业集团盈利能力和国家创新驱动政策实施可以削弱集中式创新的负面影响。分组检验显示，东部地区企业集团的分散式创新架构对于企业创新绩效影响更明显，表明发达地区更需要注重集团内部的分散式创新。进一步检验显示，集团创新架构会通过影响企业创新质量和产品市场竞争力而影响创新绩效，具体表现为集团分散式创新更加有利于实质性创新和产品市场竞争力，进而显著增加分散式创新绩效。

上述研究结论可为企业集团创新体系的搭建提供如下启示。

① 企业集团总部应重视内部分散式创新，构建成员协同创新体系。 企业集团不仅要注重与外部组织的开放式创新，还要强化集团成员之间的分散式创新，激发各成员自主创新积极性，避免陷入由个别部门垄断集团创新资源的“锁定”风险。一方面要加强集团成员协同创新的制度建设，明确集团内部成员自主创新的制度依据、财务支

持、人员保障等；另一方面要加强集团成员协同创新机制建设，避免集团内部成员为了争取创新话语权而开展重复创新、无效创新。

② 成员企业应积极参与分散式创新，主动嵌入集团创新网络。成员企业要注重在集团创新网络中发挥自身价值，嵌入集团研发、设计、生产、制造及营销等各创新环节，提高成员企业自身的价值。要注重集团内部成员协同创新文化创建，引导成员企业积极参与并共享知识、人才和信息技术，构建有效分散式创新体系，发挥全员创新的分散式创新优势。集团总部要基于核心价值链设计好创新链，并在集团成员间进行有机分布，整合集团成员企业资源优势，构建符合集团发展需要的分散式创新网络。

③ 企业集团须强化实质性创新机制保障，增强研发创新商业价值。集团分散式创新架构要有利于企业实质性创新，建立以创新价值为导向的创新绩效考核体系，倒逼企业集团做好基础创新、实质性创新和创新成果应用，真正发挥创新驱动功能。集团要避免陷入策略性创新困境，避免由于策略性创新引致的资源错配，通过稳健的财务政策保障基础创新投入，构筑创新投入和创新产出的良性循环。

参考文献

[1] 〔日〕今井贤一，〔日〕伊丹敬之，〔日〕小池和男．内部组织的经济学［M］．金洪云，译．北京：生活·读书·新知三联书店，2004.

[2] 〔美〕奥利弗·E. 威廉姆森，〔美〕西德尼·G. 温特．企业的性质［M］．姚海鑫，邢源源，译．北京：商务印书馆，2020.

[3] 〔美〕奥利弗·E. 威廉姆森．反垄断经济学：兼并、协约和策略行为［M］．张群群，黄涛，译．北京：商务印书馆，2014.

[4] 〔美〕奥利弗·E. 威廉姆森．市场与层级制：分析与反托拉斯含义［M］．蔡晓月，孟俭，译．上海：上海财经大学出版社，2011.

[5] 王凤彬．集团公司与企业集团组织：理论·经验·案例［M］．北京：中国人民大学出版社，2003.

[6] 王凤彬．供应链网络组织与竞争优势［M］．北京：中国人民大学出版社，2006.

[7] 王凤彬，赵民杰．企业集团管控体系：理论·实务·案例［M］．北京：经济管理出版社，2008.

[8] 陈志军．集团公司管理——基于三种管控模式［M］．北京：经济科学出版社，2010.

[9] 陈志军．母子公司管理控制研究［M］．北京：经济科学出版社，2006.

[10] 陈云贤，顾文静．中观经济学：对经济学理论体系的创新与发展

[M]. 北京：北京大学出版社，2015.

[11] 周扬明 . 中观经济本论 [M]. 北京：经济科学出版社，2006.

[12] 苏东水 . 产业经济学 [M]. 北京：高等教育出版社，2015.

[13] （美）迈克尔 • 古尔德，（美）安德鲁 • 坎贝尔，（美）马库斯 • 亚历山大 . 公司层面战略 [M]. 黄一义，谭晓青，冀书鹏，颜晓东，译 . 北京：人民邮电出版社，2004.

[14] （英）杰弗里 • 韦斯特 . 规模：复杂世界的简单法则 [M]. 张培，译 . 北京：中信出版社，2018.

[15] （美）丹尼斯 • 舍伍德 . 系统思考 [M]. 邱昭良，刘昕，译 . 北京：机械工业出版社，2008.

[16] 仇德辉 . 统一价值论 [M]. 北京：中国科学技术出版社，1998.

[17] 王明夫 . 资本经营论 [M]. 北京：中国人民大学出版社，2004.

[18] 徐晋，张祥建 . 平台经济学初探 [J]. 中国工业经济，2006（5）.

[19] 兰小欢 . 置身事内：中国政府与经济发展 [M]. 上海：上海人民出版社，2021.

[20] 陆铭 . 大国大城：当代中国的统一、发展与平衡 [M]. 上海：上海人民出版社，2016.

[21] 黄奇帆 . 结构性改革：中国经济的问题与对策 [M]. 北京：中信出版社，2020.

[22] 丛龙峰 . 组织的逻辑 [M]. 北京：机械工业出版社，2021.

[23] （美）瑞 • 达利欧 . 原则：应对变化中的世界秩序 [M]. 崔苹苹，刘波，译 . 北京：中信出版集团，2022.

[24] （美）迈克尔 • 波特 . 国家竞争优势 [M]. 李明轩，邱如美，译 . 北京：中信出版社，2012.

[25] （美）伊查克 • 爱迪思 . 企业生命周期 [M]. 王玥，译 . 北京：中

国人民大学出版社，2017.

[26]〔美〕菲利普・科特勒，〔美〕凯文・莱恩・凯勒，〔美〕亚历山大・切尔内夫．营销管理（第 16 版）[M]. 陆雄文，蒋青云，赵伟韬，徐倩，许梦然，译．北京：中信出版集团，2022.

[27]〔美〕纳西姆・尼古拉斯・塔勒布．反脆弱：从不确定性中获益 [M]. 雨珂，译．北京：中信出版社，2014.

[28]〔美〕亚德里安・斯莱沃斯基，〔美〕大卫・莫里森，〔美〕劳伦斯・艾伯茨，〔美〕保罗・克利福德．发现利润区 [M]. 凌晓东，译．北京：中信出版社，2007.

[29]〔德〕卡尔・马克思，〔德〕弗里德里希・恩格斯．马克思恩格斯全集（第 1 版）[M]. 北京：人民出版社，2016.

[30]〔法〕弗雷德里克・皮耶鲁齐，〔法〕马修・阿伦．美国陷阱 [M]. 法意，译．北京：中信出版集团，2019.

[31] 王绍凯．百年——如何建立一个伟大并长盛不衰的公司 [M]. 北京：电子工业出版社，2013.

[32] 王绍凯．大转型——互联网时代的传统企业进化之道 [M]. 北京：清华大学出版社，2015.

[33] 王绍凯．系统层面战略——重写战略管理 [M]. 北京：中国商业出版社，2010.

[34] 林毅夫．从比较优势到竞争优势 全球后疫情时代的工业化未来 [OL]. 南南合作与发展学院，2022-01-07.

[35] 程承坪，程鹏. 国有企业性质：市场与政府的双重替代物 [J]. 当代经济研究，2013,（1）：26-31.

[36] 新华社. 深化国有企业分类改革 国资委明确三类企业改革发展主攻方向 [OL]. 2021-4-29.

[37] 王鹤．国有企业集团内部资本市场配置效率探讨［J］．工信财经科技，2021，（1）：64-71．

[38] 边立新．论效率与公平［N］．光明日报，2007-6-26．

[39] 徐飞，杨冕．企业集团内部创新架构与创新绩效［J］．经济管理，2022，（8）．

[40] 王明夫，李向群．高手身影 2：中国商业原生态实战案例［M］．北京：机械工业出版社，2021．